Thomas Kästner · Andreas Kießling

Energie in 60 Minuten

Thomas Kästner
Andreas Kießling

Energie
in 60 Minuten

Ein Reiseführer durch
die Stromwirtschaft

VS VERLAG FÜR SOZIALWISSENSCHAFTEN

Bibliografische Information der Deutschen Nationalbibliothek
Die Deutsche Nationalbibliothek verzeichnet diese Publikation in der
Deutschen Nationalbibliografie; detaillierte bibliografische Daten sind im Internet
über <http://dnb.d-nb.de> abrufbar.

1. Auflage 2009

Alle Rechte vorbehalten
© VS Verlag für Sozialwissenschaften | GWV Fachverlage GmbH, Wiesbaden 2009

Lektorat: Frank Schindler

VS Verlag für Sozialwissenschaften ist Teil der Fachverlagsgruppe
Springer Science+Business Media.
www.vs-verlag.de

Umschlaggestaltung: KünkelLopka Medienentwicklung, Heidelberg
Druck und buchbinderische Verarbeitung: Krips b.v., Meppel
Gedruckt auf säurefreiem und chlorfrei gebleichtem Papier
Printed in the Netherlands

ISBN 978-3-531-17058-9

Inhalt

Energie als Lebenselixier

In unserer industrialisierten und zunehmend globalisierten Welt spielt Energie eine, wenn nicht sogar *die* zentrale Rolle. Ohne Energie in Form von Öl, Strom, Uran, Kohle und Gas würde unsere Welt und auch unser Tagesablauf anders aussehen. Die Verfügbarkeit von Licht, Wärme, Informationen und Kraft zur Betreibung von Maschinen „auf Knopfdruck" ist aus der Technik-Gesellschaft von heute nicht mehr wegzudenken. Um es knapp mit den Worten des Physikers und Philosophen Werner Heisenberg zu sagen: Energie kann als Ursache für alle Veränderungen in der Welt angesehen werden.

Energie ist in ihrer vielfältigen Form eine knappe Ressource. Sie ist neben Wasser eine der wichtigsten Lebensgrundlagen und daher Ursprung für viele Konflikte. Wir befinden uns mitten in einem globalen Wettlauf um knappe Ressourcen und die Sicherung von Energiereserven steht für viele Länder im Fokus: Energieversorgung dürfte das zentrale Zukunftsthema des 21. Jahrhunderts sein. Energie ist neben der Sicherung der eigenen Lebensgrundlagen auch ökonomische Macht und kann durch Zurückhalten, also dem sprichwörtlichen Zudrehen des Öl- oder Gashahns als Instrument zur Durchsetzung politischer Forderungen eingesetzt werden. Daher ist es verständlich, dass Energie und Politik seit jeher eng verwoben sind, weltweit, auf europäischer Ebene und auch in Deutschland. Die Liberalisierung, d.h. die Öffnung der Strom- und Gasmärkte für den Wettbewerb in Europa, hat an der Beziehung zwischen Energie und Politik nur bedingt etwas geändert.

Das Thema Energie ist für die Medien und die Gesellschaft in Deutschland ein Dauerbrenner. Die Bundes- und Landesregierungen sowie die Europäische Kommission haben in den letzten zehn Jahren einen Strauß von Gesetzen, Verordnungen und Richtlinien erlassen, um brennende Fragen aufzugreifen und zu beantworten: „Wie können wir die Energieversorgung sicher machen? Wie kann Deutschland unabhängiger werden? Wie lassen sich die Preise stabil halten? Was sind Vorteile des Wettbewerbs? Ist die Energiewende zu schaffen? Wie sieht das Energieprogramm der Zukunft aus? Welche energiepolitischen Visionen hat Deutschland?"

Die energiepolitischen und gesellschaftlichen Debatten werden maßgeblich geprägt von Experten, Volkswirten, Sachverständigen, Ideologen, Technikern, Lobbyisten, Professoren, Gutachtern, Ministerialbeamten, Verbraucherschützern, Juristen, EU-Kommissaren, Journalisten, Verbandsvertretern, Politikern und vielen mehr – das große Spektrum der Beteiligten und die breite Meinungsvielfalt führt zu einer unübersichtlichen Heterogenität der Aussagen, die wie einzelne Puzzlestücke für sich allein genommen derzeit das Gesamtbild nicht mehr erkennen lassen. Es werden Gutachten und Gegengutachten angefertigt. Mal gibt es eine Stromlücke in Deutschland, dann sind plötzlich Überkapazitäten vorhanden, mal soll es ganz ohne Atom und nur mit Erneuerbaren Energien, dann wieder nur mit Kohle oder dezentralen Kleinanlagen gehen. Die Bundesregierung lädt zu Energiegipfeln, es wird mit Statistiken gearbeitet und mit verschiedensten Parametern Berechnungen angestellt, die der Bürger – und auch viele Kenner der Materie – längst nicht mehr durchdringen.

Als Folge dieses unüberschaubaren Prozesses entsteht Verwirrung und Unsicherheit, zwei Attribute, die einen hervorragenden Nährboden für Misstrauen gegenüber den energiepolitischen Entscheidungsträgern in Politik und Wirtschaft bilden. Die nicht leicht verständliche Materie der Energieversorgung, die meist von spezifischem Vokabular geprägt ist, verstärkt diesen Effekt ebenso wie die teilweise emotional geführten Debatten.

Die Vielschichtigkeit der Meinungen erschwert die Entwicklung eines politischen Zukunftskonzepts für die Energieversorgung. Die Energieversorgung wird zum Mysterium, ein Energieprogramm, das potenziell von Gesellschaft, Politik und Wirtschaft getragen wird, rückt in weite Ferne.

Durch dieses Buch soll die Materie „Energie" für den Bereich der Stromversorgung in Deutschland und Europa erläutert werden. Das Buch vermittelt technische, ökonomische, rechtliche und politische Zusammenhänge der Energiewirtschaft. Es setzt dabei bewusst auf verständliche Erklärungen. Jeder ist angesprochen, der sich an der Lösungsfindung für die Energieversorgung der Zukunft beteiligen möchte, sich aber nicht mehr mitgenommen fühlt. Die Schwierigkeiten, die scheinbar unüberbrückbaren Unterschiede der verschiedenen Ansätze und die seit Jahren geführten Grabenkämpfe sind uns bewusst. Daher obliegt es dem Leser, sich selbst ein Bild zu machen. Als Orientierungspunkt kann dabei das energiepolitische Zieldreieck aus Versorgungssicherheit, Klima- und Umweltschutz sowie Wettbewerb und Wirtschaftlichkeit hilfreich sein. Es dient auch als Basis für die Darstellung der Energiediskussionen in diesem Band.

Zieldreieck Energiepolitik

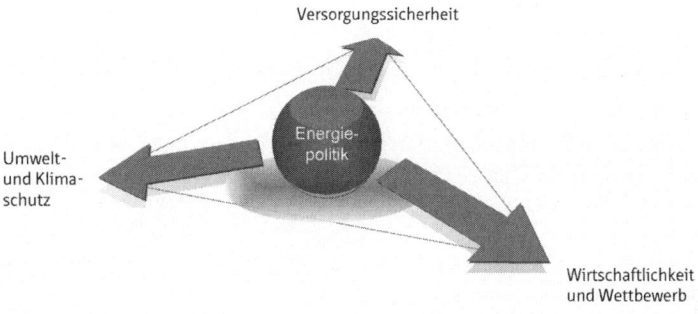

Das Projekt „Energie in 60 Minuten" spiegelt ausschließlich die Meinungen der Autoren wider, die für den Inhalt verantwortlich sind. Wichtige inhaltliche Impulse kamen von Dr. Stefan Ulreich und von Markus Wörz. Berlinpolis GmbH hat das Lektorat durchgeführt und bei der Materialrecherche unterstützt. Daniel Dettling hat außerdem einen Blick in das Jahr 2030 gewagt. Das Engagement von Berlinpolis wurde von der E.ON Energie AG finanziell unterstützt. Wir bedanken uns bei allen, die zum Gelingen des Buches beigetragen haben; besonders freuen wir uns, dass Energiekommissar Piebalgs das Vorwort geschrieben hat.

Die EU in der Energiepolitik

Andris Piebalgs, EU-Kommissar für Energiepolitik

EU-Energiepolitik: Gestern und heute unentbehrlich

Energie ist für Europa von entscheidender Bedeutung. Die Herausforderungen von Klimawandel, zunehmender Einfuhrabhängigkeit und höheren Energiepreisen betreffen sämtliche EU-Staaten in gleicher Weise.

Außerdem nimmt die Verflechtung der EU-Staaten im Bereich Energie – wie auf vielen anderen Gebieten – stetig zu: Ein Stromausfall in einem Land hat unmittelbare Auswirkungen in anderen Ländern.

Deshalb muss Europa gemeinsam handeln, um die Versorgung mit wettbewerbsfähiger Energie nachhaltig sicherzustellen. Auf diese Weise kehrt die EU zu ihren Wurzeln zurück. Im Jahre 1952 mit dem Kohle- und Stahlvertrag sowie 1957 mit dem EURATOM-Vertrag, sahen die Gründungsstaaten bereits einen Bedarf für ein gemeinsames Energiekonzept.

Aber dieser viel versprechende Beginn führte lange Zeit nicht zu einer umfassenden EU-Energiepolitik. In den siebziger und achtziger Jahren ließen sich die Mitgliedstaaten durch Ölkrisen und globale wirtschaftliche Ungewissheit zu nationalen Alleingängen in der Energiepolitik verleiten.

Heute haben wir mehr als doppelt so viele Mitgliedstaaten, aber niemand vertritt mehr die Auffassung, dass rein nationale Wege ein probates Mittel sind, die Lichter nicht ausgehen zu lassen und die Wirtschaft in Gang zu halten. Alle Mitgliedstaaten setzen sich heute dafür ein, gemeinsame Lösungen zu finden, in einem Geist von Solidarität und gegenseitiger Unterstützung.

Eine neue Energiepolitik für Europa

Im Januar 2007 hat die Kommission in ihrem ersten Bericht zur Überprüfung der Energiestrategie vorgeschlagen, die EU-Energiepolitik von Grund auf zu erneuern. Ziel war und ist, die Energiepolitik an die Herausforderungen von Klimawandel und Versorgungssicherheit anzupassen. Dazu haben wir quantitative Ziele für das Jahr 2020 vorgeschlagen: 20% des Gesamtenergieverbrauchs aus erneuerbaren Energiequellen, Verringerung der Treibhausgasemissionen um 20% und Verbesserung der Energieeffizienz ebenfalls um 20%. Nachdem der Europäische Rat erklärt hatte, diese Ziele zu unterstützen, hat die Kommission im Januar 2008 Rechtsvorschriften vorgeschlagen, um die entsprechenden Vorgaben verbindlich zu implementieren. Diese Vorschläge wurden von den Mitgliedstaaten und dem EU Parlament Ende des letzten Jahres verabschiedet.

Die neuen verbindlichen Ziele sowie die Regeln, diese zu erreichen, stellen weltweit die ambitionierteste Gesetzgebung im Bereich Energie und Klimaschutz dar.

Für *Erneuerbare Energie* gibt es nun für jeden Mitgliedstaat verbindliche Ziele und einen soliden gesetzlichen Rahmen. Die Mitgliedstaaten werden jetzt Maßnahmen ergreifen, um diese zu erreichen. Gleichzeitig wird die Position der Europäischen Union als weltweit führende Region im Hinblick auf das Engagement, in erneuerbare Energiequellen zu investieren, gefestigt. Dies wird Wachstum, Beschäftigung und Energiesicherheit fördern, ganz zu schweigen von dem erheblichen Beitrag zu unseren Reduzierungszielen für Treibhausgase. Eine solche Politik ist auch sehr wichtig für die Glaubwürdigkeit der EU in den laufenden internationalen Klimaverhandlungen.

Die Politik im Bereich erneuerbare Energiequellen der EU basiert auf drei Säulen: Umwelt, Versorgungssicherheit und Wettbewerbsfähigkeit. Die Mitgliedstaaten haben die Chance, eine Führungsrolle für innovative Technologien und Erneuerbarer Energien zu übernehmen. 350.000 Arbeitsplätze sind bereits in diesem Sektor in der EU entstanden und weitere werden folgen. Diese Politik wird anfänglich nicht umsonst zu haben sein – die Kosten werden jedoch schrittweise sinken, da erneuerbare Technologien ausreifen und sich zum „mainstream" entwickeln werden.

Die Verringerung des Energieverbrauchs ist die beste nachhaltige und langfristige Antwort auf die Herausforderungen, mit denen wir es zu tun haben. Die Reduzierung unseres Primärenergieverbrauchs bis 2020 durch Verbesserungen der Energieeffizienz der EU wird die Energieeinfuhren verringern, das verfügbare Einkommen der Bürger erhöhen, die Wettbewerbsfähigkeit der EU-Industrie steigern und einen erheblichen Beitrag zur Verringerung unserer Treibhausgasemissionen und zum Erreichen der Ziele für Erneuerbare Energien leisten.

„Negawattstunden" – d.h. vermiedener Energieverbrauch durch
Einsparungen – ist die mit Abstand wichtigste Energiequelle der EU.
Die Zahlen sprechen für sich. Wenn wir unser Energieeinsparziel für
2020 erreichen, dann wird die EU jährlich Energieeinsparungen realisie-
ren, denen ungefähr 400 Millionen Tonnen Öl entsprechen. Dies entspricht der Produktion von ungefähr tausend Kohlekraftwerkseinhei-
ten oder einer halben Million Windturbinen. 860 Megatonnen CO_2-
Emissionen würden vermieden.

Die Staats- und Regierungschefs der EU haben sich zum Ziel der
Steigerung der Energieeffizienz bekannt, denn es betrifft die EU-Bürger unmittelbar. In den letzten Jahren wurden zum Beispiel deutliche
Fortschritte in den Bereichen Ecodesign von Produkten, Energieetiket-
tierung sowie Energieeffizienz in Gebäuden gemacht. Es gibt noch ein
großes Potenzial für weitere Einsparungen und Maßnahmen.

Das Fundament unserer gemeinsamen Politik ist der *Energiebin-
nenmarkt*. Was wir brauchen, ist kein Markt auf dem Papier, sondern
ein Markt, der auch in der Praxis die beabsichtigten Vorteile für Bürger
und Industrie bringt: wettbewerbsfähige Preise, ein hohes Serviceni-
veau und eine zuverlässige Versorgung. Das Anfang des Jahres verein-
barte dritte Energiebinnenmarktpaket wird neue Regeln einführen und
die notwendigen strukturellen Maßnahmen bringen – insbesondere
effizientere Entflechtung und regulatorische Aufsicht, um den Wettbewerb und das Funktionieren des Marktes in der Praxis zu fördern.

Anfang Mai einigten sich das Europäische Parlament und der Rat
auf den Vorschlag der Kommission, bedeutsame Energieprojekte als
Beitrag zum europäischen *Konjunkturprogramm* zu unterstützen. Diese
Maßnahme verfolgt zwei Ziele: Eine Antwort auf die Herausforderungen der Versorgungssicherheit und des Umweltschutzes zu geben und
gleichzeitig zur wirtschaftlichen Erholung beizutragen. Sie ist auch ein
hervorragendes Beispiel für Solidarität innerhalb der Europäischen
Union. Dass dies erforderlich ist, hat sich besonders während der Gas-
krise Anfang 2009 gezeigt. Somit stellt das Programm eine erste ra-
sche Antwort auf diese Krise dar, indem sie den Bau wichtiger Gaslei-
tungen fördert. Noch nie hat die EU einen solch erheblichen Betrag für
Energieprojekte reserviert – 4 Milliarden €.

Das Energiekonjunkturprogramm wird auch wesentlich zu unseren Zielen im Hinblick auf die Förderung von Technologien sauberer
Energie beitragen, indem es in erheblichem Ausmaß Offshore-Wind-

Anlagen sowie Anlagen zur CO_2-Abscheidung und -lagerung unterstützt.

Der Vertrag von Lissabon

Bis jetzt gab es keinen Energieartikel in den Europäischen Verträgen, mit Ausnahme der spezifischen Regeln zu Kernkraft und Kohle. Daher mussten EU-Energiemaßnahmen – z.b. in den Bereichen Binnenmarkt, der erneuerbaren Energiequellen, der Energieeffizienz und der transeuropäischen Netze – auf einer Mischung von Kompetenzen basiert werden.

Der Vertrag von Lissabon gibt der EU nun zum ersten Mal klare Befugnisse auf dem Gebiet der Energiepolitik, mit eindeutig definierten Zielen. Außerdem unterstreicht er das Prinzip der Solidarität zwischen den EU-Staaten. Der spezifische Energieartikel definiert die Schlüsselkompetenzen und die Gesamtziele der Energiepolitik wie folgt: Funktionierende Energiemärkte, Versorgungssicherheit, Energieeffizienz und Einsparungen, die Entwicklung neuer und erneuerbarer Formen von Energie sowie die Förderung der Verbindung von Energienetzen.

Schlussfolgerungen

Die letzten Jahre haben Europa auf einen nachhaltigen Weg gebracht. Dieser Weg muss jetzt weitergegangen werden, wenn wir unsere Ziele im Bereich Energie und Klimawandel erreichen und nachhaltigen Wohlstand der Bürger in Europa sichern wollen.

Ich hoffe, dass diese Veröffentlichung zu diesem Prozess beitragen wird, indem sie die Kenntnis und das Verständnis der neuen Energiepolitik für Europa fördert.

Einmaleins der Strombegriffe
Spannung, Stärke, Frequenz und Leistung

Elektrischer Strom
Die Bewegung von Ladungsträgern (meist Elektronen) bezeichnet man als *elektrischen Strom*. Beweglich ist Strom in jeder Materie, auch im Vakuum. Gut geeignet und gebräuchlich für den Stromtransport sind Metalle. Die pro Zeiteinheit fließende Ladung wird *Stromstärke* genannt und in **Ampère** gemessen. Damit es zum Stromfluss kommt, muss zwischen den beiden Enden (oder Polen) einer Leitung ein „Höhenunterschied" bestehen. Dieser Unterschied aus Ladungsüberschuss und -mangel heißt *elektrische Spannung*. Die Einheit hierfür ist **Volt**.

Bei der Bezeichnung von Strom wird oft vieles durcheinandergebracht. Einfacher wird es, wenn man Stromversorgung mit Wasserversorgung vergleicht: Spannung ist dann der Druck, mit dem Strom durch eine Leitung fließt, wie Wasser in einem Rohr, das dort unter einem gewissen Druck steht. Gemessen wird Spannung mit Volt – jede Steckdose steht in Deutschland unter einer Spannung von 230 Volt. Die Leitung selbst stellt einen Widerstand dar. Ein dünnes Kabel bedeutet dabei einen großen Widerstand, ein dickes dagegen einen kleinen Widerstand, wie beim Wasser, das auch schwerer durch ein dünnes Rohr fließt. Bei der Elektrizität wird der Widerstand in Ohm gemessen.
Die Menge des Stroms, die durch ein Kabel fließt oder fließen kann wird in Ampère ausgedrückt. Multipliziert man die Spannung (Druck) mit Ampère (Durchflussmenge) erhält man die Leistung, die in Watt angegeben wird. Ein Staubsauger hat in der Regel eine Leistung von 1000 Watt, was ungefähr 1,36 PS entspricht – bei einer Spannung von 230 Volt würden ungefähr 4,5 Ampère „fließen". In der Regel ist eine Haussteckdose mit 16 Ampère abgesichert, also könnten maximal drei Staubsauger mit der genannten Leistung angeschlossen werden, ohne dass die Steckdose überlastet wird und die Sicherung „herausfliegt".
Wird der 1000-Watt-(oder 1 Kilowatt)-Staubsauger eine Stunde lang betrieben, verbraucht er genau eine Kilowattstunde Strom. Zehn 100-

Watt-Glühbirnen könnten bei gleichem Stromverbrauch zehn Stunden brennen. Watt bezeichnet also die Leistung, Wattstunde die Arbeit. Der Unterschied: Ein Profiradsportler fährt einen Alpenpass in 1 Stunde hoch, ein Hobbysportler braucht gut 2 Stunden. Der Profi leistet 500 Watt, der Hobbysportler 250 Watt. Oben am Gipfel haben sie aber beide 500 Wattstunden gearbeitet.

Der Stromzähler misst den Verbrauch und zählt die verbrauchten Kilowattstunden. Ein Durchschnittshaushalt benötigt im Jahr etwa 3500 Kilowattstunden (kWh). Die Stromschwingungen im Netz sind für den Verbraucher relativ unwichtig – sie betragen im Haushaltsnetz weltweit etwa 50 Schwingungen pro Sekunde, die in Hertz gemessen werden. Aus historischen Gründen fahren Züge mit Strom, der eine Hertzzahl von 16,7 aufweist.

Spannung	Volt
Strom	Ampère
Widerstand	Ohm
Leistung	Watt
Arbeit	Wattstunde
Frequenz	Hertz

Im Starkstrombereich kommt man mit den üblichen Bezeichnungen anhand der Größenordnungen nicht mehr aus. Daher muss die Skala für den Starkstrom erweitert werden.

kV	Kilovolt	1000 Volt
kW	Kilowatt	1000 Watt, Leistung (= ca. 1,36 PS)
MW	Megawatt	1000 Kilowatt
kWh	Kilowattstunde	Stromverbrauchseinheit in einer Stunde
MWh	Megawattstunde	1000 Kilowattstunden
GWh	Gigawattstunde	1 Mio. Kilowattstunden
TWh	Terrawattstunde	1 Mrd. Kilowattstunden

Wieviel Strom für welchen Zweck?

Jeder kennt Verbrauchsangaben wie zum Beispiel 2000 Watt (2kW) bei einem Staubsauger. Das bedeutet, dass eine Stunde Staubsaugen 2 Kilowattstunden (kWh) Strom kostet. Über das ganze Jahr verteilt verbraucht ein Vierpersonen-Haushalt etwa 3.500 kWh Strom. Der gesamte Stromverbrauch in Deutschland, also von Haushalten, Industrie und allen anderen Abnehmern zusammen, betrug im Jahr 2008 617 Mrd. Kilowattstunden.

10 Minuten Erneuerbare Energien
Gehört die Zukunft den Renewables?

Erneuerbare Energie gilt als gute Energie. Eine bekannte Internetsuchmaschine findet dazu fast zwei Millionen Treffer – deutlich mehr als zum Stichwort „Atomkraft", das es nur auf knapp 700.000 Hits bringt. Doch was macht Energie aus Wind, Wasser, Sonne und Biomasse eigentlich erneuerbar?

Es hat sich eingebürgert, dass wir nur die Energieträger als erneuerbar einstufen, die entweder innerhalb eines kurzen Zeitraums neu entstehen – wie etwa Biomasse aus schnell nachwachsenden Pflanzen – oder die quasi *von Natur aus* permanent oder die meiste Zeit zur Verfügung stehen. Hierzu zählen Wasser- und Windkraft, Solarenergie und Erdwärme bzw. Geothermie. Die auch auf Biomasse beruhenden Energieträger Kohle und Erdöl werden nicht dazu gerechnet, weil sie in Zeiteinheiten, in denen Menschen wirtschaften, nicht neu entstehen.

Die Geschichte der Energie beginnt erneuerbar. Die erste menschliche Energienutzung bestand im Verfeuern von gesammeltem Holz und auch heute steht die traditionelle Biomasse global für gut zwei Drittel der verbrauchten Erneuerbaren Energie. Selbst der erste gewerbliche Verbrauch von Energie schöpfte seine Kraft aus erneuerbaren Quellen: Bereits in der griechischen und römischen Antike und im Orient drehten sich die Mühlräder an Bächen und Flüssen. Während zu dieser Zeit freilich noch keine Stromgewinnung stattfand, war das Vorhandensein von fließendem Wasser gleichwohl ein wichtiger Standortfaktor. Denn bald nutzten auch Sägewerke, Schleifmühlen und anderes Kleingewerbe die mechanische Energie des Wasserrades.

Bereits vor der Nutzung von Wasserkraft gebrauchten die Menschen den Wind mit Segelschiffen und in Windmühlen. Dabei erkannten sie: Wasserkraft war – abgesehen von Phasen extremer Trockenheit – relativ stetig verfügbar, Wind dagegen unstetig: bei Flaute ist der Wind nicht verfügbar, bei Sturm nicht nutzbar. Wassermühlen verfügten somit im Vergleich zu Windmühlen über einen klaren Vorteil. Dabei ist die sichere und kalkulierbare Versorgung mit Energie für den Erfolg von Unternehmen seit jeher von entscheidender Bedeutung und wurde im Laufe der Geschichte auch für den privaten Wohlstand immer wichtiger. Bei der Bewertung der verschiedenen Arten Erneuerbarer

Energien, lohnt sich deshalb vor allem ein Blick darauf, wie gut und wie verlässlich sie sich zur Stromerzeugung eignen.

Wasserkraft: Die alte Dame der Erneuerbaren

Schon unsere Urgroßväter haben die Kraft des Wassers zur Stromerzeugung genutzt. Wasserkraftwerke waren die ersten Anlagen, mit denen größere Landstriche elektrifiziert werden konnten. Mit Wasserkraftwerken sind meist neben der Energiegewinnung noch weitere Nutzungen verbunden, vor allem der Hochwasserschutz, landwirtschaftliche Bewässerung und die Trinkwasserversorgung.

In Deutschland ist der Beginn der Wasserkraft vor allem mit dem Namen Oskar von Miller verknüpft, der mit dem Walchenseekraftwerk 1924 den Grundstein für die Elektrifizierung Bayerns legte. Das erste Wasserkraftwerk der Welt wurde schon 1895 an den Niagarafällen errichtet und der imposante Hoover Dam, einer der größten Stauseen seiner Zeit, brachte ab 1935 Las Vegas Wasser und Licht. Damit sind schon die zwei Grundtypen von Wasserkraftwerken angesprochen. Es gibt vor allem Laufwasser- (Niagara) und Speicherkraftwerke (Walchensee, Hoover-Damm). Besondere Kraftwerkstypen sind Pumpspeicher- und Kavernenkraftwerke, mit denen die sonst nicht mögliche Stromspeicherung möglich wird: Gerade nicht benötigter Strom kann verwendet werden, um über eine elektrische Pumpe Wasser in ein Becken oder einen See hinaufzupumpen. Dieses Wasser steht dann für den Energiebedarf „auf Knopfdruck" zur Verfügung, es fließt den Berg wieder hinunter und treibt Turbinen an.

Während Laufwasserkraftwerke kleinere bis mittlere Anlagen darstellen – das größte deutsche Flusskraftwerk liegt an der Donau mit einer Leistung von 132 MW – sind die Dimensionen von Speicherkraftwerken mitunter gewaltig. Die größten Kraftwerke weltweit werden mit Wasser betrieben. Nach der Pionierleistung des Hoover Dam (2070 MW) ist der chinesische Drei-Schluchten-Damm mit einer Leistung von 18.200 MW in neue Größenordnungen vorgestoßen. Zum Vergleich: Ein großes Kohlekraftwerk leistet etwa 1.000 MW. Riesige Wasserkraftwerke gibt es auch in Südamerika, wie z.B. das Itaipu-Kraftwerk in Brasilien mit 14.000 MW oder das Guri-Kraftwerk in Venezuela mit 10.300 MW. Kaum einer weiß, dass auch in Russland die Wasserkraft eine zentrale Rolle spielt.

Je größer die Leistung, desto größer allerdings auch der Flächen-verbrauch. Und hier liegt auch der wesentliche Nachteil von Wasser-kraft aus Stauseen: Sie verdrängen Lebensräume für Mensch, Flora und Fauna. Enteignungen, Umsiedlungen, der Verlust von Kultur- und Naturland sowie die Beeinträchtigung des Wasserhaushalts sind gra-vierende und auch kostspielige Aspekte. Meist betreffen Großprojekte auch mehrere Staaten. Der ägyptische Präsident Sadat hat das Kon-fliktpotential mit dem Satz auf den Punkt gebracht hat: „Wer mit dem Nilwasser spielt, erklärt uns den Krieg". In dicht besiedelten Regionen wie Europa oder Nordamerika ist das Potenzial großer Staudammpro-jekte nahezu erschöpft. In Asien, Südamerika und Afrika werden der-zeit noch offene Möglichkeiten geprüft. In Deutschland sind jedoch nur Modernisierung und Zubau kleinerer Anlagen möglich.

Wasser wird nicht nur auf dem Land genutzt. Auch das Meer bie-tet vielfältige Möglichkeiten, die Kraft des Wassers in Strom zu ver-wandeln. Verwendet werden vor allem drei Arten der Energie: Tiden-hub, Meeresströmungen und Wellen. Auf Tidenhub basieren Gezeiten-kraftwerke. Das bekannteste und älteste noch betriebene Kraftwerk dieser Art steht in Frankreich, an der Mündung der Rance bei Saint Malo. Der Tidenhub von etwa 12 Metern wird über eine Staumauer, die eine Bucht abtrennt, nutzbar gemacht: Drückt die Flut Wasser in die 22 km² große Bucht, werden Generatoren angetrieben, läuft das Wasser bei Ebbe wieder ab, werden die Generatoren ebenfalls angetrieben. Neben einigen kleineren Gezeitenkraftwerken gibt es eine Vielzahl neuer Ideen: von Kraftwerken, die über den Wellengang an der Küste in einer Kammer Luft verdichten und damit einen Motor antreiben, über „Rotoren unter Wasser" in strömungsstarken Gebieten bis hin zu neuartigen „Seeschlangen", bei denen Wellenschlag einzelne Glieder verwindet und die dadurch entstehende Kraft genutzt wird, befinden sich zahlreiche Ansätze im Test. Bei neuen Projekten werden ökologi-sche Aspekte, wie etwa die Auswirkungen auf die Unterwasserwelt, immer wichtiger.

Zu den wesentlichen Vorteilen der Wasserkraftnutzung zählen die günstige CO_2-Bilanz und die niedrigen Stromerzeugungskosten. Nach-teilig sind vor allem der hohe Flächenverbrauch bei großen Speicher-kraftwerken und die damit verbundene Verdrängung von Mensch und Natur.

Windkraft: Neue Energie

Bereits im 19. Jahrhundert hatte es erste Windmühlen mit einer Art Dynamo gegeben. Der technische Durchbruch wurde aber erst Anfang der 50er Jahre mit der Übertragung aerodynamischer Prinzipien aus dem Luftfahrtbereich erreicht – seitdem bestehen die Rotoren an jedem Windrad aus verstellbaren „Flugzeugflügeln". Anfang der 80er Jahre wurde mit der über 100 Meter hohen „Großen Windkraftanlage" GROWIAN in Schleswig-Holstein Neuland betreten – technische Probleme führten dazu, dass die Anlage in fünf Jahren nur gut 400 Stunden lief. Dabei wurde oft gemutmaßt, dass GROWIAN nun errichtet wurde, um zu beweisen, dass die Technik nicht funktioniert. Aber immerhin: Es wurden wichtige Erfahrungen gesammelt und der erste kommerzielle Windpark Deutschlands entstand auf dem ehemaligen Testgelände. Die Leistung von seinerzeit unglaublichen 3 MW ist heute allerdings längst Standard.

> **Förderung erneuerbarer Energien in Deutschland**
> Direkte EEG-Kosten 2008: 4,2 Mrd. Euro (TU Berlin)

Der Aufschwung der Windkraft ist politisch gewollt und wurde bereits durch das Stromeinspeisegesetz aus dem Jahr 1990 unterstützt. Einen weiteren Schub erhielt sie ab dem Jahr 2002 durch das Erneuerbare-Energien-Gesetz (EEG). Das Prinzip der Förderung von Erneuerbaren Energien in Deutschland ist einfach: Die Abnahme von Strom, der aus Wasser, Wind, Sonne, Erdwärme und Biomasse erzeugt wird, ist für die großen Netzbetreiber verpflichtend, und zwar zu garantierten Mindestpreisen, die sich nicht auf dem Markt bilden, die dann aber letztlich vom Verbraucher als Teil des Strompreises zu zahlen sind. Für die Windenergie an Land liegt die Vergütung derzeit bei 5,5 Cent je kWh, auf See greift ein höherer Fördersatz, weil dort auch die Investitionskosten weitaus höher sind.

Windkraftweltmeister	
USA	25.170
Deutschland	23.903
Spanien	16.754
China	12.210
Indien	9.645
global	120.791
Anteil der Top5	73%
Installierte Leistung in MW, 2008	

Der Ausbau der Windkraft ging schnell: War sie 1991 nur marginal vorhanden, steigerte sich die installierte Leistung bis zum Jahr 2000 auf etwa 6.000 MW. Im Jahr 2008 waren bereits fast 24.000 MW Windenergieleistung in Deutschland installiert, und zwar nicht mehr nur in Küstennähe, sondern nahezu überall – dies entspricht etwa der Leistung von 20 Großkraftwerken.

Volllaststunden, Betriebsstunden und Verfügbarkeit
In der Energiediskussion werden die drei Begriffe Volllaststunden, Betriebsstunden und Verfügbarkeit häufig durcheinander gebracht. Grundlegend ist, dass nicht jede Anlage zu *jeder Zeit* auf *Volllast* läuft. Die **Betriebsstunden** ist die Zeitspanne, in der die Anlage läuft, wenn sich also z.B. die Rotorblätter eines Windrades drehen – unabhängig von der Windstärke, d.h. auch unabhängig vom Voll- oder Teillastbetrieb. Aus unterschiedlichsten Gründen liegen die Betriebsstunden einer Anlage meist spürbar unter den 8760 Stunden eines Jahres. Hierzu gehören z.B. bei Windkraftanlagen neben Erzeugungsausfällen bei Flaute oder heftigem Sturm auch Stillstände infolge von Wartungs- oder Reparaturarbeiten. Müssen diese durchgeführt werden, ist die Anlage technisch nicht einsatzbereit, also nicht verfügbar. Die Verfügbarkeit ist somit ein Maß der „Zuverlässigkeit" einer Anlagentechnik. Die Verfügbarkeit von *On Shore*-Windkraftanlagen liegt bei rd. 95%. Was nicht heißen will, dass der Wind auch in diesen 95% der Zeit geweht hat. Die Einheit **Volllaststunden** ist ein rechnerischer Vergleichswert und gibt an, wie wirtschaftlich eine Anlage in einem Zeitraum betrieben wurde. In wie viel Stunden eines Jahres hätte die Anlage Strom mit voller Leistung erzeugt? Eine hohe Vollaststundenzahl signalisiert somit eine hohe Ausnutzung und damit einen wirtschaftlicheren Betrieb – bei Windkraftanlagen an Land sind es etwa 2000 Stunden, bei Kernkraftwerken z.T. über 8.000 Stunden.

Die installierte Leistung ist zwar hoch, der tatsächliche Ertrag ist jedoch mehr vom Wind abhängig, als man vermutet: Physikalisch steigt die Bewegungsenergie des Windes mit der dreifachen Potenz der Windgeschwindigkeit. Das heißt, dass eine doppelte Windgeschwindigkeit mit achtfach höherer Energie einhergeht – bei wenig Wind wird aber auch wenig Strom produziert. Hinzu kommt: Bei Flaute oder bei starkem Sturm drehen sich die Windräder überhaupt nicht. Ein Jahr hat

8.760 Stunden, eine durchschnittliche Windkraftanlage an Land erzeugt aber nur 2.000 Vollaststunden Strom. Das ist der Grund dafür, dass trotz der hohen installierten Kapazitäten aus der Windkraft im Jahr 2008 nur 6,5% (40 TWh) des deutschen Strombedarfs gedeckt werden konnten. Konventionelle Kraftwerke und Kernkraftwerke können im Jahr bis 8500 Stunden Strom erzeugen.

Als ein wesentlicher Nachteil der Windenergie stellt sich also die unregelmäßige Stromproduktion heraus, die nicht nur saisonal, sondern auch im Tagesverlauf schwankt. Daher sind besonders Standorte attraktiv, an denen möglichst regelmäßig, möglichst starker, aber nicht zu starker Wind herrscht. Diese Voraussetzungen erfüllt vor allem die hohe See, neudeutsch mit dem Überbegriff „offshore" bezeichnet. Küstengebiete mit geringer Wassertiefe bis 10 Meter werden als „nearshore" und Anlagen auf See ab 30 Meter Wassertiefe als „farshore" bezeichnet. Bis heute hat das zuständige Bundesamt für Seeschifffahrt und Hydrographie (BSH) 21 Offshore-Windparks genehmigt, 18 davon in der Nordsee. Die potentielle Leistung der Projekte entspricht 7.500 MW, über 70 Vorhaben sind laut BSH-Bericht 2008 in Planung – die Eignungsprüfung umfasst insbesondere auch zu erwartende Beeinträchtigungen der Vogelwelt, so dass nicht von der Realisierung aller Anlagen ausgegangen werden kann. Nichtsdestotrotz herrscht Aufwind im Offshore-Geschäft, auch international. So entsteht in der äußeren Themsemündung vor London der Windpark „London Array", der einmal 750.000 Haushalte mit Strom versorgen soll. Kostenpunkt: Mehr als 2 Milliarden britische Pfund. Deutschland betritt, anders als Dänemark oder Großbritannien, mit seinen Standorten weit draußen vor der Küste Neuland, da die technische Umsetzung der Fundamente hier besonders herausfordernd und teuer ist. Wegen dieses hohen Aufwands wird auch ausschließlich der Einsatz der heute größten verfügbaren Anlagen der 5-MW-Klasse geplant, weil es letztlich wenig Unterschied macht, ein größeres oder kleineres Fundament in über 30 Meter Wassertiefe zu setzen. Viel spricht dafür, dass die Energieriesen auf See vom Ausmaß des Kölner Doms mit Generatorengondeln in Reihenhausgröße zukünftig den Windrädern an Land den Rang ablaufen werden.

Sowohl die Winderzeugung an Land oder auf See kann aufgrund der Schwankungen zu Problemen im Netz führen, da die Schwankungen immer schnell und flexibel ausgeglichen werden müssen. Hinter jedem Windrad steht also bildlich gesprochen ein kleines konventionelles Kraftwerk zur Sicherheit. Zunehmend hört man auch kritische Stimmen in Bezug auf Landschaftsbild, Schattenwurf, Lärm, touristische Auswirkungen, Einflüsse auf Tierwelt und Sicherheit von Schifffahrtsrouten. Die Vorteile durch umweltfreundliche Stromerzeugung und Exportpotentiale der deutschen Windkraftanlagenbauer sind allerdings unbestritten.

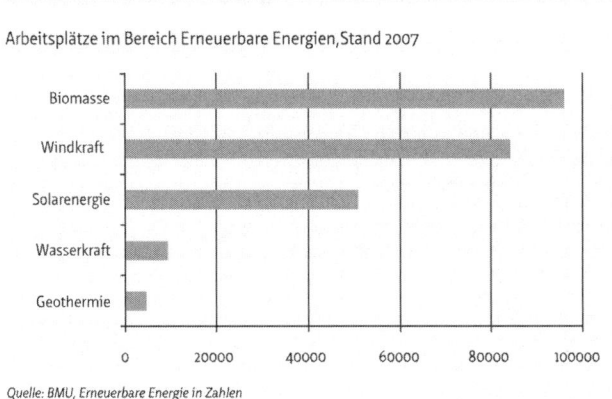

Arbeitsplätze im Bereich Erneuerbare Energien,Stand 2007

Quelle: BMU, Erneuerbare Energie in Zahlen

Photovoltaik: Die Sonne in der Steckdose

Sonnenenergie lässt sich auf vielfältige Weise nutzen, auch in unseren Breiten, besonders auf den Häusern. Verbreitet ist die Solarthermie, die aus einem Wassertank auf dem Dach basiert, der von der Sonne erhitzt wird und das entstehende Warmwasser in das Haus abgibt – einfach und effizient. Hiervon zu unterscheiden ist die Photovoltaik. Bei der Photovoltaik werden Solarzellen verwendet, die im Wesentlichen aus Halbleitern (Silizium) bestehen. Solarzellen besitzen die Eigenschaft, bei Sonneneinstrahlung Ladungsträger freizusetzen, welche sich mithilfe eines elektrischen Felds im Halbleiter zu gerichtetem Strom umwandeln lassen. Prinzipiell eine bestechende Idee, denn die Sonne versorgt die Erde mit eineinhalb Trillionen (15 Nullen) kWh im Jahr, was etwa dem 15.000-fachen des globalen Primärenergieverbrauchs entspricht.

Solarthermische Kraftwerke

Neben der direkten Stromgewinnung aus Sonnnenlicht lässt sich auch über den Umweg „Wärme" die Energie der Sonne anzapfen. Die Sonnenstrahlung wird dabei genutzt, Wasser zu verdampfen. Mittels einer Turbine wird der Wasserdampf zur Stromproduktion eingesetzt (mehr in Kapitel 6, Stichwort Sahara). Davon zu unterscheiden sind Solarthermieanlagen auf Dächern zur Erzeugung von Warmwasser.

Bereits seit Beginn der Raumfahrt in der Mitte des 20. Jahrhunderts werden Photovoltaikanlagen zuverlässig genutzt. Die alten Anlagen hatten allerdings eine sehr magere Energiebilanz und einen negativen Erntefaktor, d.h. der Energieaufwand zur Herstellung hat die Ausbeute während der zu erwartenden Lebensdauer übertroffen. Moderne Anlagen haben dieses Energiebilanzproblem nicht mehr – der Erntefaktor liegt derzeit in einer Bandbreite zwischen 5-20.

In Deutschland wird die Photovoltaik mit 30 bis 50 Cent pro kWh gefördert und je nach Standort stetig ausgebaut. Die größten Zuwachsraten verzeichnet Bayern. Im Vergleich zu anderen erneuerbaren Energiequellen in Deutschland sind die Fördersätze sehr hoch, so dass Wege für eine günstigere Photovoltaikerzeugung gesucht werden müssen. Im Mittelpunkt steht dabei die Technik zur Steigerung des Wirkungsgrades und des Erntefaktors. Daneben ist der Standort der Anlage entscheidend, da die Natur mit ihrer regional unterschiedlichen Sonneneinstrahlung Vorgaben setzt: Südspanien ist besser als Freising, Freising ist besser als der Harz. In Südbayern, das zu den sonnenbegünstigten Regionen Deutschlands zählt, ist beim derzeitigen Wirkungsgrad von etwa 10 Prozent eine Stromerzeugung von etwa 120 kWh pro m^2 und Jahr möglich – ein Durchschnittshaushalt benötigt zur Vollversorgung etwa 30m^2 Solarzellen. Deutschland würde bei einem Verbrauch von jährlich ca. 600 TWh Strom bereits 5000 km^2 benötigen, was in etwa der Gesamtfläche von Sachsen-Anhalt entspricht. Diese Rechnung ist natürlich verkürzt, weil die stetige Stromeinspeisung durch Solarzellen nicht gewährleistet ist – Ausfälle gibt es nachts, bei Regen, Schnee und starker Bewölkung und die Sonne müsste bei der Berechnung überall so stark und lange scheinen wie in Oberbayern.

In die Betrachtung der Gesamtbilanz muss somit die schwankende Leistung und temporäre Nichtverfügbarkeit, die standortabhängige

Effizienz- und Kostenbilanz, Netztechnikaspekte sowie der hohe Flächenbedarf einbezogen werden. Zu den Vorteilen der Photovoltaik gehört die lautlose, wartungs- und schadstoffarme Energieerzeugung.

Virtuelles Kraftwerk
In einem virtuellen Kraftwerk (Virtual Power Plant) werden kleinere dezentrale Anlagen, wie etwa Photovoltaik-, Wind-, Kleinwasseranlagen oder kleine Blockheizkraftwerke zusammengeschlossen und zentral gesteuert. Im Pilotprojekt „Regeneratives Kombikraftwerk" werden z.B. 36 über ganz Deutschland verstreute Wind-, Solar-, Biomasse- und Wasserkraftanlagen miteinander vernetzt. Durch den Zusammenschluss sollen die schwankenden Erzeugungen durch Sonne und Wind bestmöglich ausgeglichen werden. Virtuelle Kraftwerke können zu einer Optimierung der bestehenden Versorgungsstrukturen beitragen, allerdings stehen die hohen Kosten für die Kommunikation sowie für die zentrale Steuerung einer weiteren Verbreitung noch entgegen. Außerdem ist zu bedenken, dass die Kleinskaligkeit bei dezentralen Anlagen immer auch zu einem reduzierten Wirkungsgrad und somit zu einer Verschlechterung der Ökobilanz führt.

Geothermie: Die Hölle unter der Erde

Die Erde unter uns ist heiß. Nur ein Tausendstel der Masse unseres blauen Planeten ist weniger warm als siedendes Wasser. Je tiefer man bohrt, desto heißer wird es – ein Grund, warum in Bergbaustollen in der Regel sommerliche Temperaturen vorherrschen. Die Geschichte der Erdwärmenutzung ist ebenso alt wie die von Wasser- und Windkraft. Heiße Quellen dienen seit der Römerzeit als Wärmelieferant. Diese direkte Nutzung des warmen Wassers findet sich auch heute noch, ein bekanntes Beispiel dafür ist Island, das mehr als die Hälfte des Primärenergiebedarfs über Geothermie abdeckt. Geothermie kann zur Wärmenutzung und zur Stromerzeugung bzw. über Kraft-Wärme-Kopplung zu beidem verwendet werden.

Das älteste elektrische Geothermiekraftwerk steht im toskanischen Larderello. Es nutzt ein natürliches Wärmereservoir in geringer Tiefe, das von Magmabewegungen im Grenzbereich zweier tektonischer Platten gespeist wird. Und hier liegt auch der Schlüssel für einen günstigen Betrieb: Je weniger tief gebohrt werden muss, desto interessanter und wirtschaftlicher der Standort.

Eine Vielzahl von geothermischen Nutzungen kommt auch mit geringen Temperaturen aus, dann liegt der Schwerpunkt allerdings auf Wärme- statt Stromgewinnung. Geothermie ist eine kontinuierliche Energiequelle und daher mit der Wasserkraft vergleichbar. Gemein hat sie mit allen drei vorgenannten Energiequellen, dass bei der reinen Stromgewinnung kaum Kohlendioxid frei wird. Trotz dieser Vorzüge gibt es auch Nachteile: Hierzu zählt die Gefahr von Verunreinigungen von Grundwasser und Luft durch Freisetzung schädlicher Substanzen. Als risikoreich erweisen sich auch tektonische Bewegungen, die durch die tiefen Bohrungen und Wasserentnahmen ausgelöst werden können. So erschütterte zum Jahreswechsel 2006/2007 eine Reihe von Erdstößen die Region Basel, die im Nachhinein auf das Geothermieprojekt *Deep Heat Mining* zurückgeführt wurden. Auch Staufen im Breisgau hat nach einer Geothermie-Bohrung mit einer drastischen Bodenerhöhung zu kämpfen, die zahlreiche Häuser in Mitleidenschaft gezogen hat. Sicher ist, dass eine zukünftige Anwendung von Geothermie im großen Stil noch einen längeren Forschungs- und Entwicklungsweg vor sich hat.

Bioenergie: Tank oder Teller?

Auch Bioenergie steht in punkto permanente bzw. planbare Lieferung auf der sicheren Seite von Wasserkraft und Erdwärme. Anders jedoch wird wie bei Öl, Kohle oder Gas Biomasse als Rohstoff *verbrannt* und die Energie ist dabei ähnlich wie in Kohle- oder Gaskraftwerken elektrisch und thermisch nutzbar. Biomasse ist – wie eingangs angesprochen – der älteste Energieträger und bis heute in vielen Teilen der Welt unerlässliches Brennmaterial. Während diese traditionelle Form meist auf Holz oder Tierdung beruht, verbirgt sich hinter dem Oberbegriff *Biomasse zur energetischen Nutzung* ein weites Feld möglicher Rohstoffe. Neben Holz und holzähnlichen Pflanzen, Stroh, Feldfrüchten, wie Getreide und Mais, zählen dazu auch Pflanzenöle wie etwa Raps- oder Palmöl, Alkohole, Algen und organische Abfälle wie z.B. Industrieabfallholz, Dung oder Klärschlamm.

So vielfältig wie die Ausgangsstoffe sind auch die aus Biomasse gewonnen Brennstoffe. Zum Teil kann die Biomasse in zerkleinerter Form als Holzpellets für Heizungen direkt genutzt werden. Neben dieser festen Form lässt sich aus organischem Material über Vergärungsprozesse auch Biogas gewinnen. Hierzu werden etwa Getreide, Mais, Gras oder Abfälle genutzt. Eine dritte Variante ist die Herstellung von flüssigem Brennstoff. Während Pflanzenöle in der Regel zu Dieselkraftstoff raffiniert werden, dienen Alkohole (z.B. Ethanol aus Zuckerrohr) zur Herstellung von Ottokraftstoff. Um daraus motorenverträgliches Benzin zu machen, sind verschiedene Raffinierungsprozesse erforderlich, die zum Teil sehr energieintensiv sind. Je weiter das Endprodukt vom Ausgangsstoff entfernt ist, desto geringer wird auch die CO_2-Ersparnis.

Zur Stromerzeugung wird aufgrund des hohen Bedarfs und der anderen möglichen Anwendungen derzeit nur ein kleiner Teil der Biomasse verwendet. Eine deutlich größere Summe entfällt auf Biokraftstoffe und Wärmegewinnung, wobei letztere in Kraft-Wärme-Kopplungsanlagen (KWK) oftmals an die Stromerzeugung gekoppelt sind. Vor- und Nachteile der Energiegewinnung aus Biomasse sind je nach Ausgangstoff und Verwendung sehr unterschiedlich. Verschiedenste Punkte sind für eine Bewertung der einzelnen Biomassearten zu berücksichtigen. So ist etwa der Flächenverbrauch bei Raps für Biodiesel hoch, für Biogas aus Abfällen minimal. Die gesamtenergetische Ausbeute ist bei effizienten KWK-Anlagen hoch, bei Biokraftstoffen niedrig. Nicht zuletzt stellen sich ethische Fragen des Verdrängungswettbewerbs von Nahrungspflanzen, d.h. wird der Teller oder der Tank gefüllt. Hier sollte auf jeden Fall gelten, dass Nahrungspflanzen insbesondere in den Entwicklungsländern der Vorzug gegeben werden muss, da es wenig Sinn macht, dort Biokraftstoffe für die Industrieländer zu erzeugen und von diesen wiederum Lebensmittel zu beziehen. Ebenso ist die Umweltbilanz einiger Energiepflanzen sehr fraglich: Wenn etwa für die Erzeugung von Palmöl in Brasilien Regenwald weichen muss, ist dies nicht nur für den Klimaschutz mehr als kontraproduktiv.

Tank und Teller
Biomasse und Bier hängen näher zusammen als man denken mag, nicht erst seit dem Reinheitsgebot. Die Biernation Deutschland wurde 2008 von einigen Brauern aufgeschreckt, die eine Gerstenlücke befürchteten. In der Tat gab es auf den betroffenen Feldern einen Wandel weg vom Gerstenanbau hin zum Biomaisanbau. In anderen Ländern sind von dieser Verdrängung unmittelbar Nahrungspflanzen, wie z.B. Weizen, betroffen.

⸌rneuerbare und Umweltschutz: quo vadis?

Erneuerbare Energien haben also Vor- und Nachteile. Sicher ist, dass sie einen festen Platz im Erzeugungsmix haben und ihr Anteil künftig weiter steigen wird. Eine sachliche Bewertung der Renewables sollte sich aber an ihrem Beitrag zur Wirtschaftlichkeit, zur Versorgungssicherheit und zum Klimaschutz orientieren.

An ihrem Beitrag zum Klimaschutz? Auf den ersten Blick scheint das eine merkwürdige Frage zu sein – gelten doch Erneuerbare an sich als *die* Lösung des Klimaproblems. Bei genauerer Betrachtung ist ihre Klima- und Effizienzbilanz, auch im Vergleich zu fossilen und nuklearen Alternativen, durchaus unterschiedlich. Denn neben der reinen Stromerzeugung muss auch der CO_2-Ausstoß über die gesamte Prozesskette

Klimaschutzziele Deutschland/EU bis 2020		
	Bundesregierung	EU
CO2-Emissionen	-30% bzw. -40%	-20%
Anteil Erneuerbare	20%	20%
Energieeffizienz	+3% p.a.	+20%

betrachtet werden. Sie umfasst die Gewinnung des eingesetzten Energieträgers, die Umwandlung zum nutzbaren Energielieferanten, den Transport des Energieträgers, den Bau und Betrieb der Kraftwerksanlagen, die Umwandlung in elektrische Energie, die Einspeisung ins Netz sowie die Filterung, Beseitigung oder Lagerung von Reststoffen.

Windenergie, Kernkraft und Wasserkraft sind im Hinblick auf ihre CO_2-Bilanz besonders klimaverträglich. Vor allem aufgrund der energieintensiven Herstellung der Solarzellen schneidet Photovoltaik jedoch bereits erheblich schlechter ab. Im Vergleich zur Stromerzeugung aus fossilen Ressourcen wie Kohle, Erdöl und auch Erdgas weisen alle erneuerbaren Formen merkliche Emissionsersparnisse auf.

CO_2-Äquivalente in Gramm je kWh(el) nach Erzeugungsarten

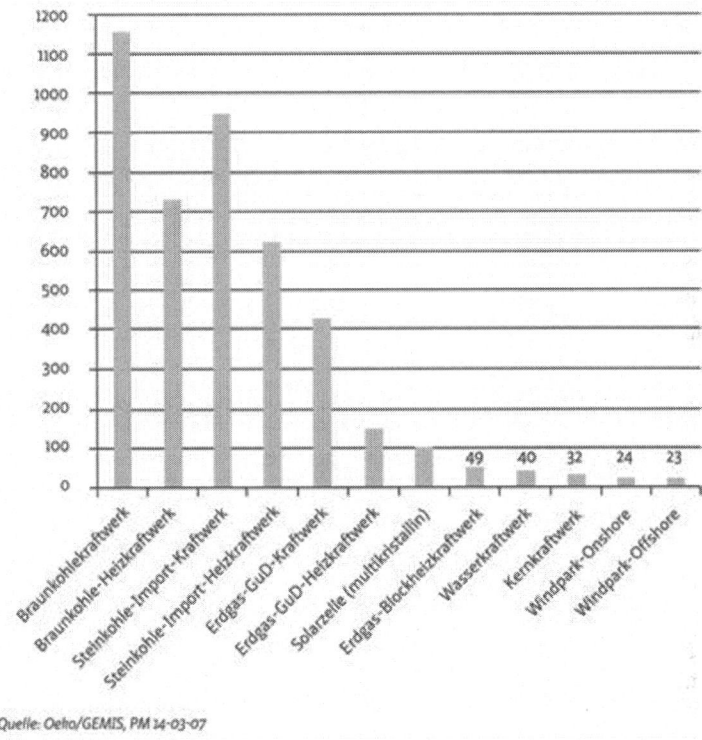

Quelle: Oeko/GEMIS, PM 14-03-07

Ein weiterer wichtiger Gesichtspunkt sind die Kosten der CO_2-Vermeidung. Sie vermitteln einen Eindruck, wie effizient das Ziel des Klimaschutzes erreicht werden kann, d.h. wie viel Klimaschutz man für jeden eingesetzten Euro bekommt. Darüber hinaus geben sie einen Hinweis darauf, ob ggf. ein Mehr an Klimaschutz erreicht werden kann, indem besonders effiziente Erzeugungsoptionen bevorzugt werden.

CO_2 lässt sich relativ günstig durch Nutzung von Windenergie und Solarthermie einsparen. Allerdings liegen auch ihre Preise schon deutlich über den Kosten für ein CO_2-Emissionszertifikat. Hohe Anlagenkosten und geringe Wirkungsgrade in Deutschland führen aber vor allem bei der Photovoltaik zu den im Vergleich höchsten CO_2-Vermeidungskosten. Die geringsten CO_2-Vermeidungskosten weist keine erneuerbare Energieart auf. Sie liegen beim Einsatz von Kernenergie und sogenannten Gas-und-Dampf-Kombikraftwerken (GuD-Anlagen) vor.

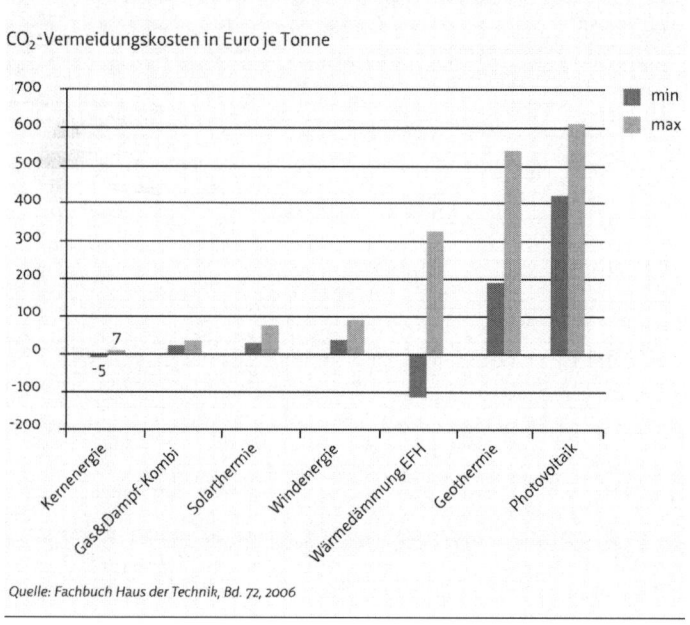

CO$_2$-Vermeidungskosten in Euro je Tonne

Quelle: Fachbuch Haus der Technik, Bd. 72, 2006

Erneuerbare Energien sind ein wichtiges Instrument, aber nicht per se ein Garant für schnelle Fortschritte im Kampf gegen den Klimawandel. Eine höhere Energieeffizienz und der Ersatz alter Kraftwerke durch moderne Anlagen können ebenso stark und mitunter auch zu geringeren Kosten die Treibhausgasemissionen senken helfen. Jedoch sprechen trotz der zu berücksichtigenden Kostenfaktoren gewichtige Gründe für den verstärkten Einsatz von Erneuerbaren Energien: Fossile Ressourcen schwinden und verteuern sich, mittelfristig müssen sie also zunehmend ersetzt werden. Auch zeigt die Erfahrung, dass neue Technologielinien zu Beginn zwar kostenintensiv sind, allerdings auch für erhebliche Arbeitsplatzeffekte sorgen, was eine öffentliche Förderung rechtfertigen kann. Zweifellos haben sich Erneuerbare Energien zu einem wichtigen Wirtschaftsfaktor entwickelt, eine belastbare Nettobilanz der Arbeitsplatzeffekte liegt uns jedoch nicht vor. Somit bleibt ungeklärt, wie hoch der Beschäftigungszuwachs und der volkswirtschaftliche Nutzen bei einer anderweitigen Vergabe von Fördermitteln wären.

Egal ob Erneuerbare, Kernenergie oder KWK-Kraftwerke gefördert werden: In jedem Fall ist es sinnvoll, bei der staatlichen Unterstützung immer auf Effizienz zu achten. Ohne Zweifel hat sich das deutsche EEG als effektiv im Hinblick auf Volumenwachstum der Erneuerbaren erwiesen – nicht zuletzt deswegen hat es zurzeit bereits 20 Nachahmer allein in der EU gefunden. Effizienz im Sinne eines hohen Nutzens bei geringen Kosten geht damit jedoch nicht zwangsläufig einher, wie das Beispiel der Photovoltaik zeigt. Deutschland tut somit gut daran, gemeinsam mit Brüssel eine „Europakarte" für Standorte Erneuerbarer Energien zu entwerfen, und die 27 Fördersysteme aufeinander abzustimmen. Den Ansprüchen des Zieldreiecks – Umweltverträglichkeit, Versorgungssicherheit und Wirtschaftlichkeit – kann nicht entsprochen werden, wenn jedes EU-Mitglied Energie aus Sonne, Wind und Wasser innerhalb der Landesgrenzen individuell mit eigenen Fördersystemen unterstützt. Vielmehr geht es darum, standortabhängig verträgliche, günstige und verlässliche erneuerbare Quellen zu erschließen. Dazu kann gehören, Solarstrom in Südspanien stärker oder nur dort zu fördern und bei Windkraft eher auf Seestandorte zu setzen als auf das Binnenland.

- Wasserkraft: Vorteilhaft sind die günstige CO_2-Bilanz und die niedrigen Stromerzeugungskosten, die aber bei großen Stauseen mit einem hohen Flächenverbrauch und Eingriffen in die Umwelt einhergehen. Ihr Potenzial ist in dicht besiedelten Ländern weitgehend ausgeschöpft.

- Windenergie: Dem Hauptvorteil der CO_2-freien Stromerzeugung steht als größter Nachteil die unregelmäßige Verfügbarkeit gegenüber. Dabei produzieren Anlagen auf See, aufgrund der Windsituation konstanter als Anlagen auf dem Land.

- Photovoltaik: Lautlose, wartungs- und schadstoffarme Energieerzeugung mit schwankender Leistung und hohem Flächenverbrauch. Derzeit hohe Vermeidungskosten pro Tonne CO_2, vor allem an Standorten im nördlichen Europa; durch Einspeisung in das örtliche Niederspannungsnetz entstehen Herausforderungen im Netzbereich. Potential im südlichen Europa.

- Geothermie: Eine kontinuierliche und CO_2-arme Energiequelle, die die Gefahr von Verunreinigungen des Grundwassers und der Luft sowie das Risiko tektonischer Bewegungen, die zu Erdbeben führen können, birgt. In bestimmten Regionen sinnvoll einsetzbar, in denen nicht tief gebohrt werden muss.

- Biomasse: Prinzipiell gut geeignet, da Ausgangsstoff gut lager- und transportfähig ist. Hoher Flächenverbrauch bei der Anpflanzung und Konkurrenzsituation mit anderer landwirtschaftlicher Nutzung (Tank vs. Teller).

10 Minuten Kohle und Gas
Können wir ohne Kohlenstoff?

Die Zeche Zollverein in Essen gehört zum Weltkulturerbe der UNESCO. Seit mehr als 20 Jahren fährt hier kein Kumpel mehr zur Schicht in den Schacht – Kreative und Künstler haben auf dem Areal ein neues Spielfeld gefunden. Besonders erfindungsreich ging es im Ruhrgebiet aber schon immer zu – insbesondere seit Beginn der Förderung von Steinkohle im Mittelalter. Neben den zahlreichen technischen Erfindungen, die der Bergbau hervorgebracht hat, ist er gleichzeitig Wiege für viele soziale Errungenschaften wie beispielsweise dem Verbot von Kinderarbeit, dem Abschluss von Tarifverträgen und der Gründung von Knappschaftsverbänden und Gewerkschaften.

Kraft aus der Kohle

Kohle war die Grundlage der industriellen Revolution, die ganze Gesellschaften verändert hat und ohne die eine globalisierte und vernetzte Welt, wie wir sie heute kennen, nicht möglich gewesen wäre. Ohne Kohle, den Brennstoff zum Betrieb von Dampfmaschinen, hätte sich im wahrsten Sinne des Wortes nichts und niemand bewegt. Das gilt auch für die Elektrifizierung: Bereits in den frühen Tagen wurden Dampfmaschinen verwendet, um Generatoren anzutreiben. Das erste Dampfmaschinen-Kraftwerk baute Thomas Edison, der Erfinder der Glühbirne, 1882 in New York. Diese Entwicklung haben auch Erfinder wie James Watt oder Isaac Newton vorangetrieben, die uns gegenwärtig immer noch in physikalischen Einheiten begegnen. Und auch heute wäre die weltweite Stromversorgung ohne Kohle, die einen Anteil von etwa 40 Prozent aufweist, nicht möglich. Doch wie lange reichen die Kohlevorräte noch?

Der Streit um Reserven und Ressourcen

Bei einer konstanten Förderung rechnet das Bundesamt für Geowissenschaft und Rohstoffe damit, dass die Reserven an Steinkohle noch 125 Jahre reichen, die Braunkohlereserven sogar über 200 Jahre. Diese Zahlen sind jedoch keineswegs statisch zu betrachten. Denn die Entwicklung des Weltmarktpreises hat starken Einfluss auf die Ausweitung der Förderung. Daher müssen bei jeder Reichweitenbetrachtung *Reserven* von *Ressourcen* unterschieden werden. Reserven sind die bekannten Vorkommen, unter Ressourcen versteht man noch nicht erschlossene Vorkommen oder solche, deren Abbau sich erst bei anziehenden Preisen lohnt. Schätzungen zeigen, dass diese Ressourcen die bereits erschlossenen Steinkohle-Reserven um das Zwanzigfache übersteigen. Die Reichweite von Energieträgern ist somit immer eine Frage des Preises, was im Jahr 2008 anschaulich wurde, als Firmen bei einem hohen Erdölpreis unter großem Aufwand begannen, Ölsand in Kanada als Ölquelle zu verwenden.

Reserven 2007 in Exajoule

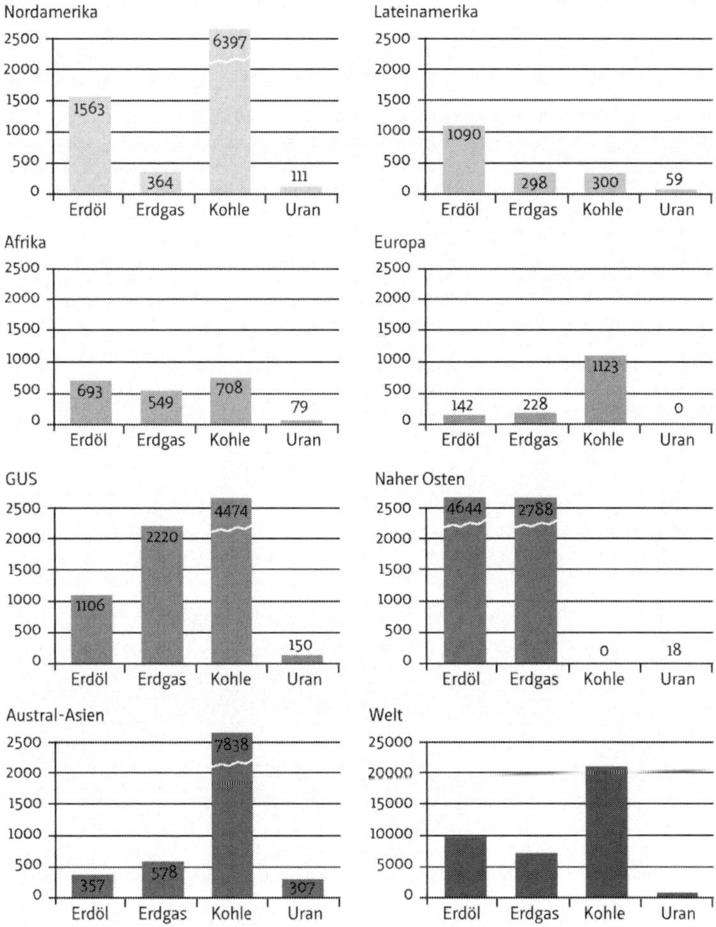

Nordamerika

		6397	
1563			
	364		111
Erdöl	Erdgas	Kohle	Uran

2500 · 2000 · 1500 · 1000 · 500 · 0

Lateinamerika

1090			
	298	300	59
Erdöl	Erdgas	Kohle	Uran

2500 · 2000 · 1500 · 1000 · 500 · 0

Afrika

693	549	708	79
Erdöl	Erdgas	Kohle	Uran

2500 · 2000 · 1500 · 1000 · 500 · 0

Europa

		1123	
142	228		0
Erdöl	Erdgas	Kohle	Uran

2500 · 2000 · 1500 · 1000 · 500 · 0

GUS

		4474	
	2220		
1106			150
Erdöl	Erdgas	Kohle	Uran

2500 · 2000 · 1500 · 1000 · 500 · 0

Naher Osten

4644	2788		
		0	18
Erdöl	Erdgas	Kohle	Uran

2500 · 2000 · 1500 · 1000 · 500 · 0

Austral-Asien

		7838	
357	578		307
Erdöl	Erdgas	Kohle	Uran

2500 · 2000 · 1500 · 1000 · 500 · 0

Welt

Erdöl	Erdgas	Kohle	Uran

25000 · 20000 · 15000 · 10000 · 5000 · 0

Funktion eines Kohlekraftwerks
Wasser wird in einem Kessel erhitzt, Druck entsteht, Wasserdampf wird auf die Turbine geleitet, die den Generator zur Stromerzeugung antreibt. Danach kondensiert der Dampf durch Kühlung und wird zum Kessel rückgeführt. Das bei der Verbrennung entstehende Rauchgas wird von Staub, Schwefel und Stickstoffen befreit und entweicht aus dem Schornstein.

Die langfristige Verfügbarkeit von Kohle und der Abbau in überwiegend politisch stabilen und sicheren Ländern wie Südafrika, Australien oder Kanada macht sie als Energieträger attraktiv. Anders sieht die Lage bei Öl und Gas aus: Etwa 70 Prozent der globalen Erdgas- und Erdölreserven, die heute wirtschaftlich gefördert werden können, konzentrieren sich auf die politisch instabile strategische Ellipse, welche sich von Westsibirien über die kaspische Region bis hin zur Arabischen Halbinsel erstreckt.

In Deutschland deckt Kohle fast ein Fünftel des gesamten Energieverbrauchs in allen Bereichen, d.h. Wärme, Elektrizität, Mobilität – beim Strom im Jahr 2008 sogar ganze 43 Prozent. Der Anteil ist im Vergleich zu einigen anderen Ländern höher, weil Braun- und Steinkohle neben bereits erschöpften Uranbergwerken und geringer werdenden Gasvorkommen die einzigen heimischen Primärenergieträger sind.

Weltweit setzen auch die aufstrebenden Volkswirtschaften auf diese relativ günstige und verfügbare Art der Energieerzeugung. In China

Steinkohle vs. Braunkohle
Steinkohle verfügt über einen höheren Kohlenstoff- und somit auch über einen höheren Energiegehalt als Braunkohle. Bei ihrer Verbrennung wird zudem weniger CO_2 frei als bei der weicheren Braunkohle. Braunkohle ist dagegen preisgünstiger als Steinkohle. Während Steinkohle leicht zu transportieren ist, wird Braunkohle meist nah am Gewinnungsort verbraucht.

geht sogar in Krisenzeiten der Jahre 2008/2009 immer noch jede Woche ein neues mittelgroßes Kohlekraftwerk ans Netz, auch Indien und die USA investieren kräftig. Sieht man den massiven Zubau in den sich entwickelnden Ländern, deren Bevölkerungen sich ihren Teil des Wohlstandskuchens abschneiden wollen, können und dürfen die Umweltauswirkungen nicht ausgeblendet werden.

Reserven nicht-erneuerbarer Energierohstoffe 2007: Regionale Verteilung (EJ)

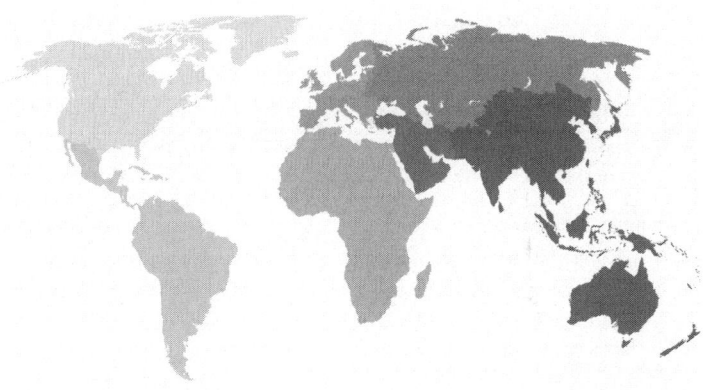

Verteilung nach Regionen in Prozent: alle Rohstoffe

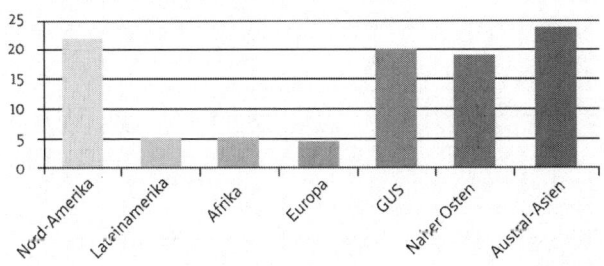

Quelle: Bundesanstalt für Geowissenschaften und Rohstoffe, Energiestudie 2007

Machen wir unsere Erde zum Kettenraucher?

Wer sich schon einmal am Lagerfeuer gewärmt hat, weiß: Legt man trocken gelagertes Holz auf und fächert Luft zu, lodern die Flammen fast ohne zu qualmen. Sammelt man schmutzige Äste im Wald und verbrennt diese, sollte man nicht unbedingt in Windrichtung sitzen. Ähnlich verläuft es im Kraftwerk: Bestünde Kohle aus reinem Kohlenstoff, würde einzig CO_2 aus den Schornsteinen treten. Da dies jedoch nicht der Fall ist, entstehen bei der Verbrennung neben Kohlendioxid auch eine Reihe von Schadstoffen. Diese werden als Immissionen bezeichnet. Sie können sich unmittelbar negativ auf die Region auswirken, wenn sie nicht aus dem Rauchgas abgetrennt werden. Moderne und nachgerüstete alte Kraftwerke reinigen das Rauchgas fast vollständig von Schwefel, Stickoxiden und Staub, zum Teil deutlich über 95 Prozent. Anders als in vielen Industrieländern sind Umweltschutzauflagen in den sich entwickelnden Volkswirtschaften unterschiedlich stark ausgeprägt, da Umweltschutz Investitionen erfordert. So gibt es immer noch Länder, in denen Kohlekraftwerke weithin an einer gelben Wolke sichtbar sind, weil die Rauchgasentschwefelung fehlt.

Grundprinzip Kohlekraftwerk

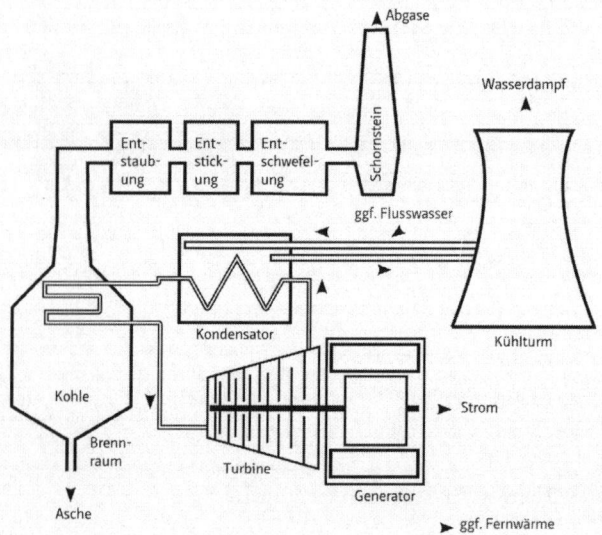

Funktion eines GuD-Kraftwerks
Das Prinzip ist bei Kraftwerk und Jumbo gleich: Luft wird verdichtet, mit brennbarem Gas gemischt, entzündet und beschleunigt. Im Kraftwerk wird die Beschleunigung allerdings nicht in Vortrieb, sondern in Drehbewegung verwandelt und damit ein Generator angetrieben. Der durch die Wärme der Gasturbine in einem Abhitzekessel entstehende Dampf kann zum Betrieb einer zusätzlichen Dampfturbine verwendet werden.

Die umweltpolitische Achillesferse der Kohleverstromung sind aber derzeit die vieldiskutierten CO_2-Emissionen. Dabei ist es unerheblich, ob Kohlendioxid in Deutschland, Südamerika, Japan oder Malta emittiert wird, da es in Summe das Weltklima negativ beeinflussen kann.

Oftmals wird CO_2 als Gift dargestellt und zusammen mit den oben genannten Luftschadstoffen in einem Atemzug genannt. Dabei bildet es die Grundlage für einen der wichtigsten Naturkreisläufe, nämlich lebenswichtigen Kohlenstoff zwischen Luft, Boden und Wasser zu transportieren. Kurz: Keine Photosynthese ohne Kohlendioxid, kein Leben ohne Kohlendioxid. Kritisch sind allerdings die durch die Verbrennung von Kohle entstehenden Mengen von CO_2, welche in die Atmosphäre aufsteigen und dort den Treibhauseffekt verursachen: Kurzwellige Sonnenstrahlung kann die CO_2-Schicht fast ungehindert passieren. Die langwellige Strahlung aber, d.h. die von der Erdoberfläche wieder abgegebene Wärmestrahlung, wird zurückgestoßen. Folge: Es wird unten auf der Erde wärmer.

Um diesen Prozess zu verlangsamen, versuchen Anlagenbauer zunächst, aus jedem eingesetzten Kilogramm Kohle noch mehr Energie herauszuholen, also den Wirkungsgrad eines Kraftwerks zu verbessern. Der Wirkungsgrad beschreibt das Verhältnis von Nutzen zu Aufwand, also, welcher Anteil der Energie tatsächlich dem beabsichtigten Zweck dient. Zum Vergleich: Die von James Watt optimierte Dampfmaschine hatte einen Wirkungsgrad von etwa 3%, das Licht einer Glühbirne kommt auf 5%, ein Kamin erreicht etwa 20% Heizenergie für einen Raum, sehr gute Automotoren schaffen etwa 30%, alte Kohlekraftwerke liegen zwischen 30-40% und moderne Kohlekraftwerke liegen bei fast 50%.

Da ist noch viel Luft nach oben, könnte man meinen. Das Gegenteil ist der Fall: Den Verbrauch eines Kleinwagens in der historischen

Entwicklung von neun auf sieben Liter Benzin zu drücken war eine einfache Übung, verglichen mit dem Vorhaben, ein Fünf-Liter-Auto in ein Drei-Liter-Auto zu verwandeln – bei gleicher Größe, Leistung und erhöhtem Komfortniveau. Ähnlich ist es mit Kraftwerken: Eine Effizienzsteigerung von Kohlekraftwerken der neuesten Generation mit einem Wirkungsgrad von 46 Prozent auf einen Wirkungsgrad von über 50 Prozent bei den Kraftwerken der nächsten Generation gleicht einer Revolution, die nach ganz neuen Werkstoffen verlangt. Zum Beispiel: Durch die notwendigen, extrem hohen Dampftemperaturen von 700 Grad Celsius drehen sich Turbinenschaufeln bei annähernder Schallgeschwindigkeit rot glühend, Temperaturunterschiede von mehreren hundert Grad belasten alle Bauteile enorm – und trotz dieser riesigen Kräfte müssen die Anlagen locker zweihunderttausend Betriebsstunden durchhalten.

In Wirkungsgradverbesserungen liegt also bereits ein Stück Klimaschutz: Neue Kohlekraftwerke stoßen 20 bis 30 Prozent weniger Kohlendioxid aus als alte. Eine neue Anlage mit 1.000 MW Leistung spart etwa den CO_2-Ausstoß von 700.000 Mittelklasse-Pkw im Jahr. Nicht zu leugnen ist aber auch, dass weiterhin Emissionen von mehreren hunderttausend Fahrzeugen entstehen. Es ist im wie im Verkehr: Verbrauchsarme Autos sind besser als alte Spritschlucker, Emissionen gibt es trotzdem, auch bei den 4-Liter-Autos.

Daher machen sich viele Forscher derzeit Gedanken, wie die noch entstehenden Emissionen von der Atmosphäre ferngehalten werden könnten, was durch die „CCS-Technik" (Carbon Capture and Storage) erreicht werden soll. Was versteht man darunter? Zunächst wird das CO_2 abgetrennt, verdichtet, transportiert und dann unterirdisch gespeichert. Die Abtrennung kann theoretisch durch Verbrennen der Kohle in einer reinen Sauerstoffatmosphäre erfolgen oder nach der Verbrennung aus dem Rauchgas herausgewaschen werden. Dieser Prozess verschlingt allerdings wiederum Energie, wodurch der Wirkungsgrad eines Kraftwerks um etwa 10 Prozentpunkte verschlechtert wird. Dies bedeutet, dass die neue Technik auch nur bei neuen, hocheffizienten Kraftwerken Sinn macht, weil die Nachrüstung alte Anlagen vom Wirkungsgrad her um etwa 25 Jahre zurückwerfen würde. Damit wären sie unwirtschaftlich.

Nach der Abtrennung muss das CO_2 transportiert und tief unter der Erde oder unter dem Meeresgrund gespeichert werden. Der politische Wille ist da: Die EU hat ihr Forschungsbudget hierfür jüngst mehr als versechsfacht und viele Regierungen diskutieren über erforderliche gesetzliche Bestimmungen. Weltweit laufen groß angelegte Versuche, welche geologischen Bereiche für eine Speicherung besonders geeignet sind. Getestet wird die Einleitung in erschöpfte Öl- und Erdgaslagerstätten, wo Gase oder Flüssigkeiten über mehrere Millionen Jahre gespeichert waren, bis der Mensch sie gefördert hat. Eine weitere Möglichkeit sind so genannte „saline Aquifere", tief liegende poröse, Salzwasser führende Gesteinsschichten, die das CO_2 wie ein Schwamm dauerhaft aufsaugen können.

Wie viel Platz für CO_2 gibt es insgesamt in Deutschland? Nach Angaben der Bundesanstalt für Geowissenschaften und Rohstoffe verfügt die Bundesrepublik über potenzielle Lagerstätten für etwa 23 Mrd. Tonnen CO_2. Die Energiewirtschaft verzeichnete in 2007 einen Ausstoß von 0,386 Mrd. t CO_2. Würde man die gesamten Emissionen unterirdisch speichern, reichte die Kapazität also für etwa 60 Jahre.

Viele Fragen sind aber noch offen: Wer bezahlt die neue Infrastruktur und wer darf sie zu welchem Preis benutzen? Welcher Wirkungsgrad geht konkret bei der Abtrennung verloren? Wo werden die Speicher gebaut? Wer darf dann diese Speicher nutzen? Kostet die Speicherung Geld? Verdrängen CO_2-Speicher nicht Raum für Gasspeicher oder Geothermie? Wer ist verantwortlich für die Sicherheit der Speicher und wie lange? Wer genehmigt die Speicher? Sind die Speicher wirklich dicht? Welcher Anlagenbauer kann die erste großtechnische Waschanlage liefern und wann? Ist diese Anlage überhaupt auf Dauer wirtschaftlich? Akzeptiert die Gesellschaft diese Technik überhaupt?

Die letzte Frage dürfte neben dem technischen Neuland die wichtigste sein, denn bereits jetzt verläuft die CCS-Diskussion in Bezug auf Wortwahl, Mobilisierung von Gegnern und bestehenden Unsicherheiten ähnlich wie die Atomdebatte ab. Die Rede ist von „Endlager, Gift im Boden, CO_2-Klo, Grundwasserverseuchung, Belastung zukünftiger Generationen" und vielem mehr. Politik und Betreiber müssen daher parallel zur technischen Entwicklung zusammen mit der Gesellschaft ein Verständnis und eine akzeptierte Lösung finden, denn CO_2-Speicher, die mit dem Gesetzbuch unter dem Arm durchgesetzt werden, sind keine Lösung für die Zukunft.

Genau diese gesellschaftliche Akzeptanz wird von vielen Kraftwerksbetreibern und deren Geldgebern derzeit als Risiko bewertet, weil nicht sicher ist, ob neue und teure Kohlekraftwerke, die schnell die Schallmauer der Milliardengrenze durchbrechen, sich über den gesamten Lebenszeitraum von bis zu 50 Jahren auszahlen. Können wir uns überhaupt ein Zögern leisten?

In Deutschland beträgt das Durchschnittsalter der Kohlekraftwerksflotte bereits 30 Jahre – alte Anlagen nähern sich ihrem technischen Lebensende und können wie alte Autos nur noch mit erheblichen Nachrüstungen und Reparaturen am Laufen gehalten werden. Hinzu kommt, dass viele Kohlekraftwerke – ähnlich wie die Kernkraftwerke – im Grundlastbetrieb gefahren werden, d.h. sie liefern die Last, die unabhängig vom Verbrauch und von zusätzlichen Einspeisungen der Erneuerbaren Energien immer gebraucht wird. Fehlender Ersatz für alte Grundlastkraftwerke führt dazu, dass Deutschland heute schon oftmals im Sommer mehr Strom von seinen Nachbarn einführen muss, als exportiert wird. Kurzfristige Lösungen sind daher erforderlich, damit sich Deutschland weiterhin auch selbst versorgen kann.

Königsweg Kraft-Wärme-Kopplung?

Stark diskutiert wird die Frage, ob weiter auf Großkraftwerke oder eher auf dezentrale Energieerzeugung in kleineren Anlagen gesetzt werden soll – Letztere entsprechen dem ausgeprägten Wunsch von vielen Menschen nach Autonomie und Selbstbestimmung. Und auch die Bundesregierung hat sich aus Umweltschutzgründen das Ziel gesetzt, bis zum Jahr 2020 den Anteil der Kraft-Wärme-Kopplung an der Stromerzeugung auf 20 Prozent zu steigern.

Was ist KWK? Jedes Kraftwerk erzeugt neben Strom auch eine Menge Wärme, die zum Teil ungenutzt entweicht. Diese Wärme wird aufgefangen und in industriellen Prozessen oder zum Beheizen von Wohngebieten genutzt. Es gibt eine Reihe von KWK-Anlagentypen: Von Großkraftwerken, die z.B. die Fernwärmeschiene im Ruhrgebiet versorgen, über Heizkraftwerke im städtischen Bereich oder KWK für Industriebetriebe bis hin zu Micro-KWK-Anlagen in einzelnen Häusern. Der Vorteil: Durch die Nutzung von Strom und Wärme erreichen die Anlagen Wirkungsgrade von z.T. über 70 Prozent. Der Nachteil: Die Effizienz bei der Stromerzeugung sinkt geringfügig.

Damit sich der Einsatz von KWK lohnt, sind aber vor allem zwei Dinge wichtig: Erstens sollten die Wärmeabnehmer in der Nähe des Kraftwerks liegen, damit nicht ein Großteil des mühsam gesteigerten

Wirkungsgrades durch Transportverluste wieder verloren geht. Zweitens muss nicht nur Strom, sondern auch Wärme kontinuierlich gebraucht werden. Für ein Chemieunternehmen im 24-Stunden-Betrieb trifft das zu – für eine Eigenheimsiedlung besonders im Sommer nicht. Daher sollte sich die Fördersystematik auch am kontinuierlichen Wärmebedarf ausrichten, damit die Effizienz der Anlagen auch tatsächlich dauerhaft ausgeschöpft werden kann.

Damit das Stromsystem nicht zusammenbricht muss immer der Strom erzeugt werden, der gerade verbraucht wird. Kohle- und Kernkraftwerke erzeugen fast permanent die gleiche Leistung, da sie fast das ganze Jahr hindurch laufen. Strom aus Wind und Sonne fällt dagegen mal viel und mal weniger an – völlig unabhängig vom gerade bestehenden tatsächlichen Bedarf. Da Strom nur sehr begrenzt und mit hohen Verlusten gespeichert werden kann, bedarf es flexibler Stromquellen, um den Bedarf in jeder Sekunde und jeder Minute auszutarieren. In Deutschland werden Spitzenlast und Regelenergie zum Stabilisieren der Netze vor allem durch Gaskraftwerke und Pumpspeicherwerke gedeckt.

Gaskraftwerke: Jumbos am Netz

Ein mit Erdgas betriebenes Kraftwerk funktioniert ganz ähnlich wie das Triebwerk eines Flugzeugs, allerdings in XXL-Ausführung. Ein kleineres Gaskraftwerk von 240 MW hat umgerechnet in etwa die Leistung aller vier Triebwerke eines Jumbo-Jets. Gasturbinen lassen sich als „Schnellstarter" viel flexibler steuern als Kohlekraftwerke und sind somit unerlässlicher Bestandteil der Elektrizitätsversorgung. Oftmals ist hinter die Gasturbine noch ein Dampfkreislauf geschaltet, so dass auch die verbleibende Restwärme genutzt werden kann.

Prinzip GuD-Kraftwerk

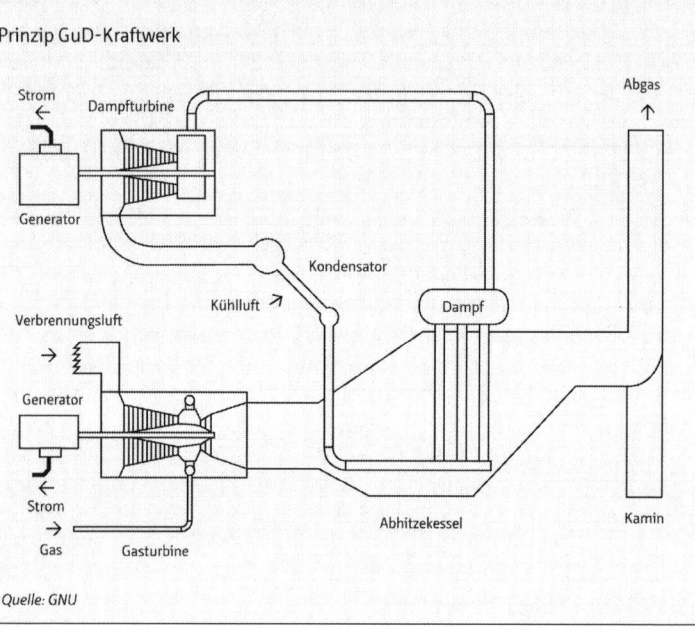

Quelle: GNU

Neben der flexiblen Einsetzbarkeit, den höheren Wirkungsgraden und geringeren Bauzeiten hat Erdgas den zusätzlichen Vorteil, dass bei seiner Verbrennung weniger CO_2 entsteht als bei Kohle. Der großflächige Einsatz von Gaskraftwerken ist aber trotz besserer CO_2-Bilanz auch kein Königsweg, weil Deutschland nur sehr begrenzte Gasvorkommen hat und daher in hohem Maß von Importen, nämlich zu 85% abhängig ist. Außerdem ist Gas vergleichsweise teuer und ähnlich wie Öl für eine Verbrennung in Großkraftwerken fast zu schade.

Knapp die Hälfte aller Gasimporte kommt aus Russland, der Rest überwiegend aus Norwegen und den Niederlanden. Für russisches Erdgas stehen zwei Pipelines zur Verfügung. Zur Erhöhung der Versorgungssicherheit, die Anfang 2009 durch die erneute Zuspitzung des russisch-ukrainischen Gasstreits in das öffentliche Interesse gerückt ist, sind zwei weitere Pipelineprojekte in Planung: die sogenannte Nordstream-Leitung zwischen Greifswald und St. Petersburg sowie die Nabucco-Verbindung zwischen dem Kaspischen Meer und Österreich.

Diese politisch umstrittenen Mammutprojekte können zwar die europäischen Importkapazitäten mittelfristig erhöhen, gleichzeitig führen
sie aber auch zu noch höherer Abhängigkeit. Auch der massive Ausbau
von Gasspeicherkapazitäten kann nur ein Teil der Lösung sein, weil der
Bedarf von Gaskraftwerken immens ist und auch riesige Speicher auf
Dauer einen längeren Lieferstopp nicht überbrücken können. Schließlich kann keiner der Energieexperten genau vorhersagen, wie sich der
Gaspreis entwickelt – da der Brennstoffkostenanteil bei einem Gaskraftwerk höher ist als bei anderen Brennstoffen, können Gaskraftwerke bei hohen Preisen schnell unwirtschaftlich werden.

Auch lange nach dem Ende des 19. Jahrhunderts sind Kohle und
Gas wichtige Energielieferanten. Die Technologien haben sich weiter

Pipeline vs. Schiffstransport
Das in Deutschland verbrauchte Gas kommt nahezu komplett via Überland-
Pipeline zu uns. In jüngster Zeit wird global gesehen vermehrt Flüssiggas
(LNG) per Tankschiff transportiert. Dazu kühlt man Erdgas stark herab und
verflüssigt es dadurch. Wesentlicher Vorteil ist der Verzicht auf kostspielige
und womöglich durch instabile Regionen verlaufende Rohrleitungen. Größter Nachteil auch unter Klimagesichtspunkten ist der enorme Energiebedarf der Verflüssigung. Bis zu 25 Prozent des Energiegehalts des transpor-
tierten Gases gehen dabei verloren. Für die Umwandlung des verflüssigten
Gases braucht man große Anlagen zur Regasifizierung. In Deutschland
besteht noch kein Anlandeterminal, Importe erfolgen über Rotterdam.

entwickelt: Kohle lässt sich heute sparsamer, sauberer und klima-
schonender für die Energiegewinnung nutzen und Gas trägt maßgeblich zur Stabilisierung des Stromversorgungssystems bei. KWK kann
beide Formen ergänzen, wenn Wärmebedarf besteht. Es gibt also Vor-
und Nachteile, wie bei jeder Erzeugungsart, genauso wie es keine
bösen Kohlekraftwerke, guten Gaskraftwerke oder das Heil der KWK-
Technik gibt. Energiewirtschaftlich kommt es daher darauf an, in einem
Energiemix der Zukunft die Vorteile des einen mit den Vorteilen des
anderen zu kombinieren und so die jeweiligen Nachteile zu minimieren.

- Kohle als Brennstoff war Grundlage der industriellen Entwicklung der westlichen Welt. Die langfristige Verfügbarkeit und der Abbau in politisch stabilen Ländern machen sie als Energieträger mit hoher Versorgungssicherheit auch heute attraktiv.

- Hauptproblempunkt ist das Entstehen von CO_2, das weltweit als Klimagas zu einem Temperaturanstieg führen kann. Mithilfe der CCS-Technik sollen CO_2-Emissionen künftig abgeschieden, komprimiert und gespeichert werden. Die Marktfähigkeit wird für 2020 prognostiziert, bisher gibt es noch keine Großserienanwendungen.

- Die Verbesserung des Wirkungsgrades von Kohlekraftwerken und die Erneuerung des Kraftwerksparks können entscheidend und zu relativ geringen Kosten pro vermiedener Tonne CO_2 zum Klimaschutz beitragen.

- Gaskraftwerke, auch als Gas-und-Dampf-Kombination, erreichen hohe Wirkungsgrade. Sie lassen sich als Schnellstarter flexibel steuern und dienen der gleichmäßigen Energieversorgung rund um die Uhr. Deutsche Gaskraftwerke sind brennstoffseitig überwiegend von Importen aus Russland, Norwegen und den Niederlanden abhängig.

- Ein ausgewogener Strommix führt zu größtmöglicher Versorgungssicherheit, weil nicht „alles auf eine Karte" gesetzt wird.

10 Minuten Kernenergie
Allmachtsfantasie oder „German Angst"?

In Bremen begann am 7. Oktober 1979 politisch eine neue Ära der Bundesrepublik: Als erstes Länderparlament wird die Bremische Bürgerschaft mit dem Einzug der Grünen sprichwörtlich ein wenig bunter. Nur wenig später gelingt der Partei „Die Grünen" auch in Niedersachsen der Sprung über die 5%-Hürde. Starken Zulauf erhielt die Anti-Atomkraft-Bewegung durch die getroffene Festlegung für Gorleben als Standort für das Nukleare Entsorgungszentrum sowie für die Erkundung des Salzstocks von Gorleben zum Endlager. Mit dieser Auseinandersetzung wurde zusammen mit der Friedensbewegung und dem Widerstand gegen die Startbahn West des Frankfurter Flughafens ein Teil des Gencodes der Grünen Partei geschrieben, die unsere Republik wie kaum eine andere politische Kraft seit Anfang der 80er Jahre verändert hat.

> „Ich finde es erstaunlich, dass unter allen großen Industriestaaten der Welt – von den USA bis China, Japan und Russland – die Deutschen die Einzigen sind, die glauben, sie könnten ohne Kernkraft auskommen. Wir haben praktisch unseren Kohlebergbau aufgegeben, wir haben so gut wie kein Öl in unserem Boden, auch nicht vor unseren Küsten. Deshalb liegt es nahe, dass Deutschland einen Teil seiner Energie aus Kernkraft bezieht. Natürlich hat Kernkraft ihre Risiken. Es gibt aber keine Energie und nichts auf der Welt ohne Risiken, nicht einmal die Liebe."
> Helmut Schmidt im Interview mit DIE ZEIT vom 24.07.08

Die Grundlage für den Aufstieg der Umweltideen wurde etwa zehn Jahre früher gelegt, da sich neben dem politischen Wind auch die wirtschaftlichen Rahmenbedingungen änderten: Erstmals seit dem Zweiten Weltkrieg sorgte der Ölpreisschock von 1973 für ein drastisches Absinken der Wirtschaftsleistung. Binnen weniger Monate hatte sich der Rohölpreis pro Barrel mehr als vervierfacht – die böse Überraschung an der Tankstelle ließ nicht lange auf sich warten. Hauptauslöser der Entwicklung: Die wichtigsten Exportländer drehten den Hahn zu. Der Schock führte der gerade wirtschaftlich wieder erstarkten Bundesrepublik zwei Dinge vor Augen: Die Abhängigkeit von fossilen Rohstoffen und von der mächtigen OPEC, der Organisation der größten Ölexpor-

teure, die nach Belieben erheblichen Druck ausüben konnte. Die gesellschaftlichen Auswirkungen waren für jeden spürbar: Es musste nicht
nur der sonntägliche Familienausflug mit dem Auto ausfallen und erstmals hieß es auf deutschen Autobahnen „Runter vom Gas". Vielmehr
schlitterte die Welt von der Energie- in die Wirtschaftskrise mit einem
rapiden Anstieg der Arbeitslosenquote.

Die Reaktionen auf die Krise gingen schon damals in unterschiedliche Richtungen: Die Grünen und ihre Vorläufer forderten einen Ausbau Erneuerbarer Energien. Diese steckten aber noch in den Kinder-
schuhen und konnten noch keinen wesentlichen Beitrag leisten. Die
große Mehrheit plädierte für den Ausbau der Kernenergie. So auch der
damalige Bundeskanzler Helmut Schmidt (SPD) – bis heute ein Für-
sprecher der Kernenergie, der seinerzeit viele der halbstaatlichen
Energiekonzerne überzeugen musste in diese Technik zu investieren.

„Nicht alles mit Atom ist des Teufels"

Die Geschichte der Kernenergie beginnt mit vier Glühbirnen im tiefen
Nordwesten der USA. Kurz vor Weihnachten 1951 gelingt amerikani-
schen Ingenieuren die Gewinnung von Strom mittels eines Kernreak-
tors. „It works!" – der Jubel ist groß, denn die Kernspaltung erzeugt
mit geringsten Mengen an Brennmaterial eine enorme Menge Energie.
Weltweit regt sich Interesse. Weniger als sechs Jahre später geht so
auch in Deutschland der
erste Forschungsreaktor in
Garching bei München in
Betrieb. Bis zur Errichtung
des ersten Kraftwerks in
Deutschland vergehen
weitere vier Jahre, dann
steht im fränkischen Karl-

CO_2-Ausstoß pro Kopf und Jahr	
Frankreich:	6,5 Tonnen
Deutschland:	10,4 Tonnen
Schweden:	6,1 Tonnen
Quelle: World Resources Institute	

stein am Main Deutschlands erster Atommeiler – eine Miniausgabe mit
nur 15 MW Leistung, die heute von vielen Biomassekraftwerken spie-
lend übertroffen wird und etwa der Leistung von drei großen Windkraftanlagen entspricht. Wenig später folgen mit Gundremmingen und
Obrigheim die ersten größeren Anlagen. Der große Schub setzte wie in
vielen anderen Industriestaaten nach der Ölkrise ein. Hatte es 1960
praktisch keine nennenswerte Stromerzeugung aus Kernkraft gege-

ben, erreichte die installierte Kapazität bis Ende der Siebziger weltweit circa 100.000 MW und stieg bis 1990 auf über 300.000 MW weiter rasch an. Ende des Jahres 2008 wurden in 31 Staaten der Welt über 400 Kernkraftwerke mit einer Leistung von fast 400.000 MW betrieben, 42 Kernkraftwerke mit einer geplanten Kapazität von fast 40.000 MW befinden sich in 14 Ländern in Bau.

Allmachtsfantasie oder Allheilmittel?

Während in den 70er Jahren in der Kernkraft viele einen adäquaten Ausweg aus der Energiekrise sahen, fürchteten manche, dass dadurch dem Faschismus erneut die Tür geöffnet würde. Lange vor Tschernobyl polarisierte Kernenergie die Gesellschaft, was seinen Ausdruck u.a. im vom Autor und späteren Träger des alternativen Nobelpreises Robert Jungk geprägten Begriff „Atomstaat" seinen Niederschlag fand.

Am Untermain, dem Geburtsort der deutschen Kernenergie, ist die Geschichte der Atomkraft hingegen heute beendet. Nach 25 Betriebsjahren stellte das Kraftwerk in Karlstein im Jahr 1985 seinen Betrieb ein, die letzten Rückbauarbeiten wurden im Jahre 2008 abgeschlossen. So wie am Untermain soll es nach dem Willen nicht weniger auch in ganz Deutschland laufen: Aussteigen, Abschalten, Abbauen. Die Debatte wird seit Jahren kontrovers geführt, was sich deutlich in der Form der Auseinandersetzung widerspiegelt: Oftmals prallt eine kalte Techniksprache auf fast religiös anmutende Bekenntnisse. Und auch die Begrifflichkeiten ändern sich: Der Begriff „Atomkraftwerk" gilt seit Tschernobyl als verpönt und wurde von den Betreibern in Kernkraftwerk umgetauft, für eine Bewertung ist diese Unterscheidung aber unerheblich. Der Greenpeace Mitbegründer Patrick Moore ruft zum Umweltschutz durch Ausstieg aus dem Ausstieg auf. Nicht alles mit „Atom" sei des Teufels.

In Deutschland sorgte die Kernkraft im Jahr 2008 für gut 23 Prozent der Stromversorgung. Das ist im Vergleich zu Frankreich und Japan gering, allerdings wird mit den 23% fast die Hälfte der Grundlast abgedeckt. Insgesamt gibt es in der Bundesrepublik in fünf Bundesländern 17 Kernkraftwerke mit einer Kapazität von über 21.000 MW.

Wie entsteht Atomstrom?

Kernspaltung ist eine Reaktion die ständig und überall in der Natur abläuft – jedoch unkontrolliert und unbemerkt. Kontrollierte Kernspaltung kann zur Stromerzeugung eingesetzt werden. Wie geht das? Um das zu verstehen, muss man sich in die Welt der kleinsten Teilchen begeben und sich einen Atomkern genauer anschauen. Atomkerne bestehen aus zwei verschiedenen Teilchen, den elektrisch positiv geladenen Protonen und den elektrisch neutral geladenen Neutronen. Beide sind von ihrer Masse etwa gleich und werden durch die „Kernkraft" zusammengehalten. Die Zahl der Protonen bestimmt, um welches chemische Element es sich handelt und wie „schwer" es ist. Uran hat eine hohe Protonenanzahl, ist dadurch ungeheuer schwer und benötigt zur Stabilisierung eine große Anzahl an Neutronen – die Kernkräfte sind groß und müssen ständig kompensiert werden, der Stoff ist latent instabil.

Für Kernreaktoren wird das in der Natur vorkommende Uran 235 verwendet, das aus 92 Protonen und 143 Neutronen besteht. Zum Vergleich: Das leichteste Atom ist das Wasserstoffatom, bestehend aus einem Proton, keinem bis zwei Neutronen und einem Elektron. Das Gewicht beschränkt sich dabei nicht auf das Zählen von Protonen und Neutronen, sondern zeigt sich deutlich auf der Waage: Uran ist etwa 2/3 schwerer als Blei, Wasserstoff ist um ein Mehrfaches leichter als Luft. Besonders an U-235 ist, dass es sich teilt, wenn ein weiteres Neutron hinzugefügt wird. Für den Bruchteil einer tausendstel Sekunde entsteht das sehr instabile U-236, das in zwei positiv geladene Kerne zerfällt, die sich gegenseitig abstoßen – durch diese Bewegungsenergie entsteht Wärme. Bei dem Teilungsprozess entstehen etwa weitere 2 bis 3 Neutronen, die wiederum U-235-Kerne spalten können, wenn sie mit der richtigen Geschwindigkeit auf ein U-235-Atom treffen. Wenn dieser Prozess nicht kontrolliert wird, d.h. die Geschwindigkeit nicht

Yellow Cake: Uran

Verbrauch 2007 in AKW:	65.000 Tonnen
Reserven:	1.770.000 Tonnen
Wichtigste Lagerstätten:	Australien (40%), Kanada (15%), Kasachstan (13%)
Quelle: BGR	

geregelt würde, mit der ein Neutron auf ein U-235-Atom auftrifft, wäre die Kettenreaktion sehr schnell zu Ende. Die Neutronen müssen also durch den Moderator abgebremst werden. Das geschieht nicht durch ein Wundermittel, sondern ganz einfach durch leichtes, d.h. normales Wasser (H_2O) oder – weniger häufig – durch schweres Wasser (D_2O).

Ein vereinfachtes Bild ohne Anspruch auf physikalische Genauigkeit: In einem mit Wasser gefüllten Raum befinden sich schwebende Äpfel. Ein Apfel wird mit einer Kugel beschossen und zerplatzt, Apfelkerne aus den Kernhäusern werden freigesetzt, beschleunigt und treffen auf andere im Raum schwebende Äpfel, die wiederum getroffen werden und ihre Kerne freisetzen, die wieder Äpfel treffen – eine Kettenreaktion entsteht. Die Geschwindigkeitskontrolle der Apfelkerne, die für das kontrollierte Zerplatzen der Äpfel sorgen, erfolgt durch das Wasser. Durch das Zerplatzen der Äpfel wird Energie freigesetzt.

Die Kernspaltung unterscheidet sich von der Verbrennung fossiler Energieträger dadurch, dass keinerlei chemische Reaktion stattfindet, sondern Masse in Energie umgewandelt wird – deshalb ist die Kernreaktion sehr effizient – aus wenig „Kernbrennstoff", der genau genommen gar nicht verbrannt wird, entsteht Umwandlungsenergie. Zum Vergleich: Aus einem Gramm U-235 kann man etwa so viel Energie gewinnen, wie aus der Verbrennung von 2,4 Tonnen Steinkohle.

Das generelle Funktionsprinzip von Kernkraftwerken ist immer dasselbe: Wie Kohle- oder Gaskraftwerke sind nukleare Anlagen Wärmekraftwerke. Als Wärmequelle dient die bei der Kernspaltung frei werdende Energie. Durch sie wird Wasser erhitzt, das zugleich als Moderator dient. Bei den Leichtwasserreaktoren wird es entweder direkt auf eine Turbine geleitet (Siedewasserreaktor), an die ein Generator angeschlossen ist, der letztlich den Strom erzeugt. Beim Druckwasserreaktor ist ein weiterer Schritt zwischengeschaltet: Mit dem erhitzten Wasser aus dem Reaktor wird in einem getrennten Wasserkreislauf (Sekundärkreislauf) Dampf erzeugt, der dann auf die Turbine geleitet wird. Eine Weiterentwicklung des Druckwasserreaktors ist der so genannte Europäische Druckwasserreaktor (EPR), der etwa im finnischen Olkiluoto und im französischen Flamanville gebaut wird. Auch ein Schwerwasserreaktor funktioniert ganz ähnlich. Im Unterschied zum Leichtwasser fängt schweres Wasser aber viel weniger bei der Kernspaltung entstehende Teilchen ab. Und diesen Effekt kann man genau dann gut gebrauchen, wenn im Brennstoff weniger leicht spaltbares Uran 235 enthalten ist. Würde man Natur-Uran mit normalem Wasser bändigen, brächte man die Spaltung zum Stillstand. Deshalb muss das Uran für die Leichtwasserreaktoren „angereichert" werden, d.h. der Uran 235-Anteil von ca. 0,7 Prozent auf etwa 3 bis 5 Prozent gesteigert werden. Andere Formen sind der in Südafrika geplante Hochtemperatur- oder Kugelhaufenreaktor, in dem kugelförmiger Brennstoff zum Einsatz kommt.

Prinzip Druckwasserreaktor

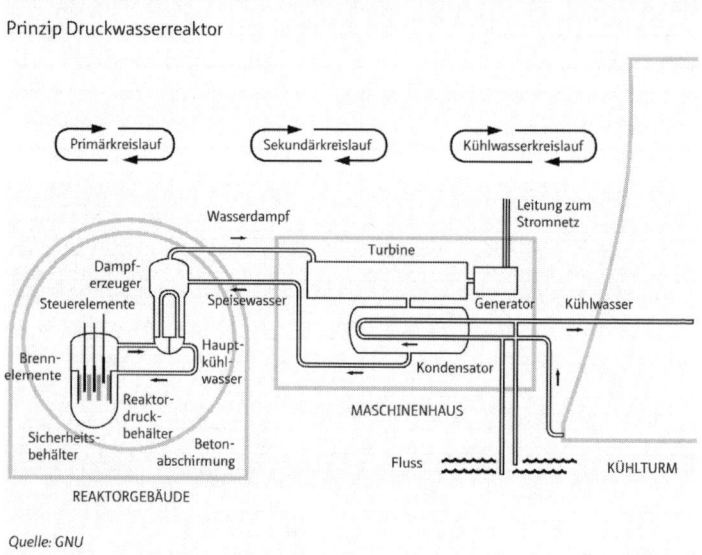

Quelle: GNU

Funktion eines Druckwasserreaktors
Durch Kernspaltung wird im Reaktor Hitze freigesetzt, das über Wasser zu einem Dampferzeuger geleitet wird. Der dort entstehende – nicht radioaktive – Dampf treibt Turbine und Generator an. Ein Kondensator kühlt den Dampf, der als Wasser wieder rückgeführt wird.

Fast in Vergessenheit geraten ist hingegen ein ganz anderer Reaktor-typ: die Bauart Tschernobyl. Dieser Typ verwendete anstelle von Wasser Graphit als Moderator. Neben vielen anderen Unüberlegtheiten war es vor allem das graphitbasierte Steuersystem, das zur Katastrophe im Jahr 1986 führte. Der Grund: Wird ein Wasserreaktor zu heiß und kann der Brennstoff nicht aus dem Reaktor entfernt werden, verdampft der Moderator und die Kettenreaktion kommt zum Erliegen. Beim brennbaren Graphit als Moderator bewirkt Hitze genau das Gegenteil: Die Kettenreaktion wird verstärkt, was wiederum zu mehr Hitze führt. So kam es in Tschernobyl zur Kernschmelze, zum Größten anzunehmenden Unfall. Der Graphitmoderator wurde in der Baureihe Tschernobyl verwendet, weil hierdurch der Austausch einzelner Brennelemente auch während des Betriebs möglich ist. Dadurch kann Plutonium mit einem hohen Reinheitsgrad entnommen werden, welches auch militärisch verwendet werden könnte. Dies ist in keinem deutschen Kernkraftwerk technisch möglich.

Einem grundsätzlich anderen Ansatz folgt der Typ des Fusionsreaktors, auf den wir im Kapitel 6 noch zu sprechen kommen. Noch ist dieser Zukunftsmusik.

Wie weit geht die Sicherheit?

Ein Unfall wie in Tschernobyl kann in westlichen Kraftwerken in dieser Form nicht vorkommen. Dennoch stellt sich natürlich vor allem und mit voller Berechtigung immer die Frage der Sicherheit. Um die Sicherheit von Kernkraftwerken zu gewährleisten, wird eine Vielzahl von Schritten unternommen, die einen Störfall extrem unwahrscheinlich machen. Allerdings fällt es uns schwer Wahrscheinlichkeiten vorzustellen. Schließlich gibt es auch regelmäßig Lottogewinner oder werden Menschen vom Blitz getroffen. Man neigt dazu, große Eintrittswahrscheinlichkeiten zu unterschätzen, geringe jedoch zu überschätzen. Ein Teil der Debatte wird gerade durch diesen „psychologischen" Effekt geprägt. Die Sicherheit eines Kernkraftwerks umfasst die interne Kontrolle der Technik und den Schutz vor externen Angriffen durch Dritte.

Wie kann man sich ein Sicherheitskonzept eines Kernkraftwerks vorstellen? Nicht anders als das einer Bank, die ihren Tresor vor Einbrechern schützt: Der Kundenraum wird überwacht, so dass im Normalfall niemand den geschlossenen Bereich betritt. Dennoch kann ein bewaffneter Einbrecher in den Sicherheitsbereich gelangen. Dort erwartet ihn allerdings das Sicherheitspersonal der Bank. Wenn der Wachschutz jedoch schläft, gelangt der Einbrecher möglicherweise bis zur Sicherheitsschleuse. Diese ist sicher verschlossen. Doch der Einbrecher verfügt über bisher unbekannte Werkzeuge, die ihn die Barriere überwinden lassen. Die Schleuse aber ist elektronisch gesichert und meldet spätestens jetzt den Einbruch an weitere Sicherheitskräfte. Der Einbrecher schafft es noch bis zur zweiten Sicherheitsschleuse, wird dort jedoch gestellt. Ein solches Stufenkonzept zur Sicherheit ist auch integraler Bestandteil eines jeden Kernkraftwerks, wobei der Anlagenzaun den Platz vor der Bank darstellt, der mit Bewegungsmeldern und Kameras ausgestattet ist.

Neben Eindringlingen von außen wird auch die Anlage innen, deren Bedienung und Funktion überwacht. Dabei ist es unerheblich, ob ein Bedienungsfehler oder technisches Versagen vorliegt. In jedem Fall führt ein unvorhergesehenes Ereignis – wie z.B. das zu langsame Schließen eines von hunderten Ventilen – sofort zur automatischen Sicherheitsmaßnahme, der Abschaltung des Reaktors. Dies erfolgt durch Entfernung der Steuerstäbe – keine Steuerung, keine Kettenreaktion. Sollte das Ein- oder Ausfahren der Steuerstäbe nicht funktionieren, kann der Reaktor durch das Einbringen von Borsäure „gestoppt" werden, wodurch die Kettenreaktion ebenfalls sofort unterbrochen werden kann. Die Sicherheit ist nach dem Konzept der Redundanz und der Divergenz aufgebaut, d.h. die Schutzeinrichtungen sind mehrfach vorhanden und sie funktionieren unabhängig voneinander nach technisch unterschiedlichen Prinzipien. Im Vergleich zu einem Flugzeug wird also bei jedem Fehler sofort die Landung eingeleitet, nur dass diese wesentlich schneller vonstatten geht.

Jede Unregelmäßigkeit in einem Kernkraftwerk ist meldepflichtig und wird über das europäische Meldesystem erfasst. Die Einordnung des Ereignisses erfolgt dabei über die sogenannte INES-Skala für nukleare Ereignisse. Sie reicht von „0" für ein Ereignis ohne oder mit geringer sicherheitstechnischer Bedeutung bis zu „7" für einen katastrophalen Unfall wie Tschernobyl. Ein Störfall wird mit „2" bewertet, ein Unfall mit „4". Meldepflichtige Ereignisse in deutschen Kraftwerken stellt das Bundesamt für Strahlenschutz in seinen Jahresberichten zusammen. Im Jahr 2007 gab es 118 Ereignisse, davon 116 auf der Stufe Null und 2 auf der Stufe Eins. In den beiden Jahren zuvor hatte es keine Ereignisse oberhalb der Stufe Null gegeben. Trotz der hohen und wirksamen Sicherheitsanforderungen werden die Regularien weiterentwickelt. In Europa zeichnet hierfür die Western European Nuclear Regulators' Association (WENRA) verantwortlich. Das Gremium betreut die Zusammenarbeit der jeweiligen nationalen Aufsichtsbehörden bei der Verbesserung und Fortführung der Kraftwerksicherheit.

Verhinderung der Proliferation von Uran
Um zu verhindern, dass z.B. beim Wechsel der Brennelemente Uran für militärische Zwecke entnommen wird, wurden internationale Verträge geschlossen. Die Internationale Atomenergiebehörde mit Sitz in Wien überwacht dies permanent und hat in jedem deutschen Kernkraftwerk Kameras installiert.

Wohin mit dem Müll?

Wie bei anderen Stromerzeugungsarten entstehen auch in einem Kernkraftwerk Nebenprodukte. Anders als etwa im Kohlekraftwerk sind Schadstoffe aus dem Schornstein jedoch kein Thema – es entweicht reiner Wasserdampf. Auch beim Thema CO_2 schneiden Kernkraftwerke vergleichsweise gut ab. Aufwändig ist hingegen die Entsorgung des radioaktiven Restmaterials aus den Brennelementen. Die rein technische Seite ist dabei die wesentlich unproblematischere. Radioaktiver Abfall – ob aus Kernkraftwerken, der Industrie, Medizin oder dem Uranbergbau – wird nicht einfach versiegelt und vergraben. Er durchläuft eine Serie von Aufbereitungsschritten. Im Wesentlichen gilt es dabei, zwei Anforderungen zu erfüllen: Erstens wird ein chemisch stabiler Zustand hergestellt, der weitere Reaktionen aus-

Halbwertszeit
Unter der Halbwertszeit versteht man diejenige Zeitspanne, in der die Menge eines radioaktiven Stoffes (Nuklids) durch Zerfallsprozesse um die Hälfte gesunken ist.
Bei einigen radioaktiven Nukliden ist dies nach weniger als einer Sekunde der Fall, bei anderen erst nach Tausenden von Jahren. Derzeit erforscht wird die drastische Verkürzung der Halbwertszeit durch weitere Behandlung, Transmutation genannt.

schließt. Zweitens sorgt man dafür, dass die Abfallprodukte kaum mehr in Wasser löslich sind. Somit sind die Reststoffe auch für den Fall, dass Containerbehälter beschädigt werden, gegen Weitertransport durch Wasser geschützt. Aufgrund der langen Halbwertszeiten der Reststoffe ist dies ein Punkt, der auch bei der Frage nach geeigneten Lagerstätten eine wichtige Rolle spielt.

In der Diskussion um mögliche Endlager in Deutschland stehen drei Orte immer wieder im Rampenlicht, die sich alle in Niedersachsen befinden. Es sind das Forschungsbergwerk Asse, der Schacht Konrad sowie der Komplex nahe Gorleben. Wodurch zeichnen sich diese Standorte aus und was genau wird dort untersucht? Diese Frage führt zurück in die Gründungszeit der Grünen. Auf der Grundlage von wissenschaftlichen Studien seit den 60er Jahren benannte der damalige niedersächsische Ministerpräsident Ernst Albrecht 1977 Gorleben als vorläufigen Standort für ein nationales Entsorgungszentrum, die sozialliberale Bundesregierung beschloss daraufhin die Erkundung als Endlager. Der beschauliche Ort nahe der ehemaligen deutsch-deutschen Grenze verfügt über einen bis in mehrere hundert Meter Tiefe vordringenden Salzstock, in dem keine Wasserbewegungen stattfinden, der nach Angaben der Experten tektonisch stabil ist und außerdem über eine massive Deckschicht zur Landoberfläche verfügt. Eine Vielzahl von Bohrungen am Salzstock Gorleben hat diese und weitere Fragen seither untersucht. Unter der rot-grünen Bundesregierung wurde im Oktober 2000 ein Moratorium für die Erkundung beschlossen, um weitere Sicherheitsfragen zu klären. Diese Prüfung ist abgeschlossen und für Gorleben positiv ausgegangen. Theoretisch stünde also einer weiteren Erkundung nichts im Wege, trotzdem ist das Moratorium bisher nicht aufgehoben worden. Oberirdisch befindet sich daher noch immer das Zwischenlager Gorleben, das zurzeit knapp einhundert Castorbehälter, die nach der Aufbereitung im französischen Le Hague auf Einlagerung warten, beherbergt. Weitere Zwischenlager befinden sich direkt an den Kernkraftwerken.

Was unterscheidet Gorleben von einem Flughafen? Die Betriebsgenehmigung. Oftmals wird der Vergleich bemüht, das Flugzeug Kernenergie sei gestartet, ohne das ein Flughafen, also ein Endlager gebaut wurde. Mit Gorleben gibt es einen Flughafen mit einigen Landebahnen und unfertigen Terminals, der allerdings noch keine Betriebsgenehmigung besitzt. Weitere „Flughafenstandorte" sollen nach dem Willen der Kernenergiegegner erkundet werden, bevor gelandet werden darf.

Einen großen Schritt weiter auf der Suche nach einer sicheren Einlagerung ist man nahe Salzgitter. Das ehemalige Eisenerz-Bergwerk „Konrad" verfügt über zwei Schächte, die in bis in über 1200 Meter Tiefe vordringen. Ähnlich wie Gorleben ist der Schacht Konrad trocken und stabil. Anders als in Gorleben ist jedoch der Weg durch die Ämter und Gerichte beendet. Das Planfeststellungsverfahren wurde im Jahr 2002 nach 20 Jahren Laufzeit abgeschlossen, im März 2007 wies das Bundesverwaltungsgericht in Leipzig die letzten anhängenden Klagen ab. Damit ist die Endlagerfrage für Abfälle mit schwacher Wärmeentwicklung, den schwach- und mittelradioaktiven Abfällen, gelöst. Diese machen zwar 90 Prozent aller in Deutschland anfallenden Reststoffe aus, sie sind aber auch weit weniger problematisch als das übrige Zehntel. Ein Standort für hochradioaktive Abfälle wird das Bergwerk daher nicht.

Auch dem Forschungsbergwerk Asse unweit des Schachtes Konrad steht keine Zukunft als Endlager bevor. Mit Beginn der Atomenergienutzung in Deutschland sollten dort die Grundlagen für mögliche Endlagerstätten erforscht werden. Tatsächlich wurde der Salzstock Asse über 16 Jahre lang auch für die Einlagerung hoch radioaktiver Reststoffe getestet. Kopfzerbrechen bereitet das Wasser. Es stellte sich heraus, dass die Festigkeit der Salzschichten in Asse das Eindringen von Wasser über lange Zeiträume nicht garantieren kann. Die Schließung des Forschungsbergwerks ist daher beschlossene Sache und wird seit 2009 vom Bundesamt für Strahlenschutz als neuem Betreiber verantwortet. Salzstock ist aber nicht gleich Salzstock und Asse daher nicht mit Gorleben gleichzusetzen. Vor allem wurde Gorleben anders als Asse nie als Salzbergwerk genutzt und Wasserverhältnisse sind unvergleichbar günstiger.

Das nicht existierende Endlager für hochradioaktiven Müll wird meist als Hauptargument gegen die weitere Nutzung der Kernenergie genannt. Fakt ist, dass radioaktiver Müll aus Kernkraftwerken, Medizin, Industrie und Forschung angefallen ist und weiter anfallen wird, für den eine Lösung gefunden werden muss; die Zwischenlagerung ist keine dauerhafte Lösung. Die Endlagerfrage beschäftigt übrigens alle Nationen, in denen Strahlenmüll anfällt. In Finnland gibt es bereits ein erstes Endlager. Auch Schweden hat ein entsprechendes Lager geschaffen und sieht dieses neben der sicheren Verwahrung auch als „Vorratslager". Denn wenn die Uranpreise in die Höhe gehen sollten, könnte sich die Wiederaufbereitung lohnen und sich das Vorratslager als Uranmine der Zukunft entpuppen.

Ausstieg oder Laufzeitverlängerung?

Der Atomausstieg in Deutschland geht auf einen Beschluss der rot-grünen Bundesregierung zurück. SPD und Grüne verabschiedeten im Frühjahr 2002 das „Gesetz zur geordneten Beendigung der Kernenergienutzung zur gewerblichen Erzeugung von Elektrizität". Es ändert das seit 1959 bestehende Atomgesetz und legt im Kern folgende wesentliche Bestimmungen fest: Der Neubau von Kernkraftwerken wird ausgeschlossen und die bestehenden Anlagen vor dem Ende ihrer technischen Lebensdauer stillgelegt. Im Gegenzug wird den Betreibern zugesagt, die Kernkraftwerke ohne politische Hürden betreiben zu können. Der Gesetzgeber hat dabei festgelegt wie viele kWh von jeder Anlage noch erzeugt werden dürfen: Soviel Strom darf Biblis noch erzeugen, soviel Grohnde, soviel Isar (usw.), und dann ist Schluss. Eine Übertragung dieser Reststrommengen von älteren auf jüngere Anlagen ist erlaubt. Vom Netz gegangen sind seither zwei Meiler: Stade bei Hamburg und Obrigheim am Neckar. Je nach Verteilung des Reststroms dürften die letzten deutschen Anlagen ohne Gesetzesänderung in den Jahren 2020 bis 2025 den Betrieb einstellen.

Der Ausstieg ist jedoch auch umstritten. Nach Meinung vieler Experten sind die Klimarisiken, die durch das frühzeitige Abschalten von Kernkraftwerken entstehen, deutlich problematischer als die mit der weiteren Nutzung einhergehenden Risiken. Auch die Kosten eines Ausstiegs, der mit Stromerzeugung aus anderen Quellen gedeckt werden muss, sind volkswirtschaftlich zu bewerten. Nicht wenige Länder haben daher in jüngster Zeit umgeschwenkt oder bauen bereits neue Anlagen. Die Niederlande wollen nicht nur alte Kernkraftwerke erhalten, sondern planen auch den Bau von vier neuen Meilern. Italien, das seit 1990 keinen Atomstrom mehr produziert, will neue Anlagen bauen. Finnland, das seinerzeit als erstes Westland direkt von der Katastrophe in Tschernobyl betroffen war, setzt weiterhin auf Kernenergie und baut eine neue Anlage. Schweden hat den Wiedereinstieg beschlossen.

Die EU-Kommission spricht sich klar für eine Fortführung der Kernenergienutzung aus: „Atomkraft ist eine der wirtschaftlichsten

Energiequellen", heißt es im zweiten Strategiepapier zur Energiepolitik, welches im November 2008 verabschiedet wurde. Auch Klimaschutz und Versorgungssicherheit sprächen für die Atomkraft, lässt Brüssel verlauten und erhält dabei auch Unterstützung der Sozialdemokratischen Fraktion im Europaparlament.

Nach Zahlen des Eurobarometers halten sich – anders als noch vor wenigen Jahren – Befürworter und Gegner die Waage. Hoch ist die Zustimmung zur Kernenergie vor allem dort, wo eigene Primärenergieträger spärlich vorhanden sind.

Das Thema Kernenergie begleitet die Bundesrepublik nun fast so lange wie sie selbst alt ist und polarisiert die Gesellschaft nachhaltig. Neuen Wind bekommt die Debatte durch die Themen Klimaschutz und Versorgungssicherheit. Dringend geboten ist aus Sicht der Autoren eine energiepolitische „Paartherapie", die durch ein neues Energieprogramm begonnen werden muss.

- Energiekrise und Ölpreisschock in den 1970ern beflügelten den Bau von Atomreaktoren zur Stromgewinnung in nahezu allen Industrieländern.
- Kernkraftwerke leisten in Deutschland fast die Hälfte der Grundlast, welche permanent zur Leistungsdeckung benötigt wird. Sie zeichnen sich zudem durch eine sehr CO_2-arme Verstromung und günstige Brennstoffkosten aus.
- Die Sicherheit der deutschen Anlagen befindet sich auf europa- und weltweit hohem Niveau. 98 Prozent der meldepflichtigen Ereignisse in deutschen Kernkraftwerken entfiel im Jahr 2007 auf die unterste Stufe „Null".
- Die Endlagerfrage ist politisch weiter ungelöst. Unabhängig vom Atomausstieg fallen auch in der Industrie, Forschung und Medizin radioaktive Reststoffe an, für die eine sichere Lagerung erforderlich ist.
- Ungeachtet des deutschen Ausstiegs geht die Tendenz international klar in Richtung einer verstärkten Nutzung der Kernenergie. Auch europäische Staaten wie Frankreich, Finnland, das Vereinigte Königreich, Polen, Italien und die Niederlande planen den Ausbau der Kapazitäten.
- Vor allem in Deutschland führt die Kernenergie zu einer polarisierenden Debatte.

10 Minuten Netz und Transport
Wie kommt der Strom in die Steckdose?

Strom beleuchtet unsere Städte und Häuser und macht Leben und Arbeit angenehmer – der Nutzen wird oft erst bemerkt, wenn der Strom ausfällt. Strom ist allgegenwärtiger Bestandteil in der Welt, er ist Grundlage für Wohlstand und modernen Lifestyle. Und wie bequem: Er kommt einfach aus der Steckdose! Doch ähnlich wie bei allen anderen Produkten des täglichen Lebens, z.B. Kaffee oder Tee, steht hinter dem Konsum eine lange Erzeugungs- und Transportkette. So befinden sich hinter den „Löchern in der Steckdose" Kupferkabel, die vom Hausanschlusskasten, der sich in der Regel im Keller befindet, in das meist unterirdische Niederspannungsnetz in der Strasse führen. Von dort führt das nun schon dickere Kabel zu einer Umspann- oder Transformatorenstation in die Mittelspannungsebene, wo nicht mehr 230 oder 400 Volt herrschen, sondern 20.000 Volt. Dies sind meist die regionalen Leitungen auf dem Land – in der Stadt sind sie in der Regel unter der Erde. Nach erneuter Umspannung mündet die Mittel- und Hochspannungsleitung in die Höchstspannungsebene, welche unter einer Spannung von 380.000 Volt steht und direkt zu den Kraftwerken führt – zu sehen weithin an den hohen Strommasten. Davon unterscheidet man das Bahnstromnetz, das historisch bedingt eine andere Frequenz, also andere Stromschwingungen aufweist.

Warum so kompliziert? Entsprechend unserer Infrastruktur im Verkehrsbereich kann man die Bedeutung der einzelnen Spannungsstufen mit Straßen vergleichen: Die Höchstspannungsebene sind die Autobahnen, die benötigt werden, um größere Distanzen schnell zurückzulegen, ohne Ampeln oder Kreuzungen, enge Kurven oder Tempo-30-Zonen. Die Autobahnen haben den Nachteil, dass nicht alle Ziele

1,6 Millionen Kilometer Netz
Das Stromnetz ist das Rückgrat für eine verlässliche Versorgung mit Energie. Aufbau, regelmäßige Wartung und Aufrechterhaltung des Netzes und seiner technischen Anlagen sind aber kostenintensiv. Für Stromtransport von A nach B wird daher eine Gebühr erhoben, die zur Sicherung der Netzqualität eingesetzt wird. Etwa 30 Prozent des Strompreises für Endverbraucher entfallen auf Entgelte für die Nutzung des Netzes.

an der Autobahn liegen – wie im Strombereich gibt es autobahnnah Industrieanlagen oder große Städte mit eigenem Autobahnanschluss – diese sind auch direkt an das Höchstspannungsnetz angeschlossen. Will man allerdings die Region erreichen, muss man runter von der Autobahn auf Schnellstraßen und Landstraßen, die Hoch- oder Mittelspannungsebene. Und schließlich ist das Erreichen von Orten oder Wohngebieten – auch in einer Großstadt – nur über kleine Straßen, dem Niederspannungsnetz, zu schaffen. Würde man versuchen, Strom über ein Mittel- oder Niederspannungsnetz zu transportieren, wären die Verluste immens.

Wenig bekannt ist, dass das deutsche Stromnetz im Vergleich zum Straßennetz wesentlich länger ist. Allein das Höchstspannungsnetz zählt 36.000 km, während die deutschen Autobahnen zwischen Flensburg und Freiburg nur auf 12.550 km die Republik durchziehen. Das Hochspannungsnetz bringt es auf etwa 75.000 km, auf Mittelspannung liegen Leitungen mit einer Länge von 500.000 Kilometern und das Niederspannungsnetz erstreckt sich gar über eine Million Kilometer. 600.000 km öffentlichen Wegen stehen in etwa 1,6 Mio. Kilometer Stromnetz gegenüber.

Das Höchstspannungsnetz verbindet die Kraftwerke übrigens nicht nur mit den großen Verbrauchszentren, sondern auch untereinander und grenzüberschreitend in ganz Europa – hierdurch können sich die europäischen Länder im Notfall, z.B. wenn ein Kraftwerk ausfällt, untereinander helfen. Die Verbindung erfolgt durch sogenannte „Grenzkuppelstellen", deren Ausbau auf der europäischen Agenda weit oben steht – je mehr Grenzübergänge und Stromautobahnen es zu den Grenzen gibt, desto mehr kann Strom auch grenzüberschreitend transportiert und gehandelt werden, was wiederum den Wettbewerb ankurbelt. Dabei darf nicht übersehen werden, dass es nicht allein mit dem Bau von Grenzkuppelstellen getan ist, sondern auch davor und danach die entsprechende Infrastruktur geschaffen werden muss. Dies ist in der Vergangenheit manchmal auf Proteste gestoßen, weil befürchtet wird, dass der Ausbau unerwünschte Nebenwirkungen hat: Der geplante Bau einer Verbindungsleitung von Tschechien durch den Bayerischen Wald hat scharfe Proteste wegen des Imports von „Temelin-Strom" ausgelöst. Andere Länder scheuen den Ausbau, weil sie zu preislichen Verwerfungen auf ihren Märkten führen könnten.

Richtig bleibt aber, dass mehr Wettbewerb nur durch eine bessere Infrastruktur und offene Grenzen möglich wird – auf europäischer

Ebene werden deshalb die sogenannten transeuropäischen Energie-netze (TEN-E) mit öffentlichen Mitteln gefördert.

Balanceakt im Netz

Elektrizität kann man im Stromnetz nicht speichern. Auch sonst gelingt dies nur begrenzt und zu sehr hohen Kosten: durch Pumpen von Wasser auf einen Berg, in Batterien, durch Druckluft oder durch Erzeugung von Wasserstoff – dabei geht durch die Umwandlung meist sehr viel Energie verloren. Der Strom muss also, damit er effizient ist, genau zu dem Zeitpunkt erzeugt werden, in dem er verbraucht wird. Das Verhältnis von Erzeugung und Verbrauch zeigt die aktuelle Frequenz im Netz an. Exakt 50 Hertz weist das Netz nämlich nur auf, wenn Angebot und Nachfrage genau im Gleichgewicht sind. Gibt es ein Überangebot an Strom, so steigt die Frequenz an. Gibt es ein Unterangebot, sinkt sie ab.

Zurück zur Straße: Ähnlich wie unsere Verkehrsinfrastruktur bedürfen Stromnetze zum Erhalt viel Wartungsarbeit, Neubauten, Verbesserungen und eine intelligente Verkehrsleitplanung zur Vermeidung von Staus an Verkehrsknotenpunkten. Eine Besonderheit gibt es aber: Der Verkehr muss im Stromnetz immer fließen, weil ansonsten das gesamte Netz zusammenbricht – dabei ist eine Unterspannung, also wenn gar keine Autos fahren, genauso schädlich wie eine Überspannung, die Staus verursacht. Ein Elektron kann eben nicht „rechts ranfahren" und warten. Wie bei einem langen Güterzug wird der Transport unterbrochen, wenn der Zug auseinanderreißt. Die elektrisch geladenen Teilchen haben übrigens für dieses riesige Stromstraßennetz ein immer funktionsfähiges Navigationsgerät dabei: Jedes Elektron wählt immer den Weg des geringsten Widerstandes im Netz. Dies kann auch zu Problemen führen, wenn z.B. in Norddeutschland bei starkem Wind ein Überangebot herrscht. Die Elektronen wandern dann nämlich nicht zu den weit entfernten Abnehmern in das Ruhr- oder Rhein-Main-Gebiet, sondern drücken sich durch die nahen Grenzübergänge nach Polen und die Niederlande. Die dortigen Verkehrsverantwortlichen sind in diesen Fällen wenig amüsiert, da dann Maßnahmen ergriffen werden müssen, z.B. die Drosselung von Kraftwerken, um den Verkehrsinfarkt zu vermeiden.

Die Verkehrsleitplanung des Stroms wird in jedem Land von einem oder mehreren Netzzentren, auch „dispatch centers" genannt, wahrgenommen. Diese müssen sicherstellen, dass der Verkehr oder die Elektronen immer fließen. Die größte Herausforderung dabei ist, vorherzusagen, wann wie viel Strom durch welche Netze zu wem geleitet werden muss. Die Prognose wird zunehmend schwieriger, weil durch erhöhte Einspeisung von Windkraft die Schwankungen vergrößert werden können. So wird mit aufwendigen Modellen beispielsweise für die Planung eine Windprognose erstellt, aus der sich ersehen lässt, mit welchen Windstärken wo mit welcher Stromproduktion zu rechnen ist. Wie erfolgt der Ausgleich? Die Netzzentren kaufen sogenannte Regelenergie ein, die einen hohen Anteil der Netzentgelte ausmacht und von vielen Anbietern im Rahmen einer Versteigerung zur Verfügung gestellt wird. Dabei muss sichergestellt werden, dass diese Energie tatsächlich erzeugt und an einem definierten Punkt physisch auf Knopfdruck zur Verfügung steht, da ansonsten das Netz zusammenbrechen würde.

Dieses Just-in-Time-Prinzip kann man sich in etwa so vorstellen wie einen See, der immer exakt den gleichen Wasserstand halten muss. In den See münden zahlreiche Rohre, die frisches Wasser zuführen – diese Rohre werden von allen Erzeugern gespeist: Kohle, Kernenergie, Wind, Photovoltaik, Gas, Biomasse usw. Aus dem See führen zahlreiche Rohre, aus denen Wasser entnommen wird – das sind die Verbraucher. Der Wasserstands-Verantwortliche muss dafür sorgen, dass Zu- und Abläufe genau ausgeglichen werden, egal ob es stark regnet, die Sonne scheint, einige Wasserlieferanten nicht liefern können oder Abnehmer plötzlich mehr Wasser verbrauchen. Dabei kann meist mit einer Menge Wasser kalkuliert werden, die immer benötigt wird, d.h. der Verantwortliche weiß ungefähr, wie viel Wasser verbraucht wird. Ein kurzfristiger Zusatzbedarf muss aber auch kurzfristig ausgeglichen werden.

Stromnachfrage und -bereitstellung an einem Durchschnittstag

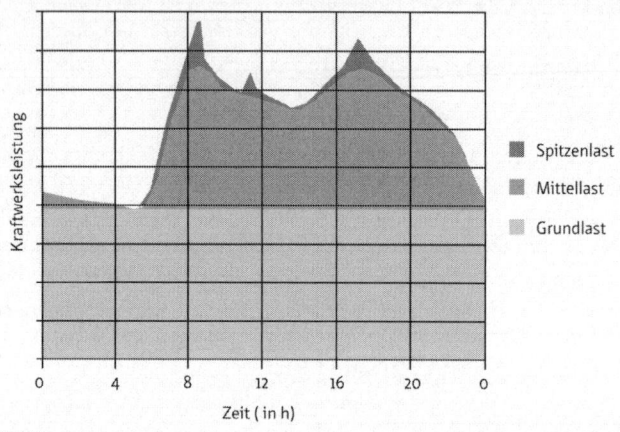

■ Spitzenlast

■ Mittellast

■ Grundlast

Zeit (in h)

Quelle: GNU

Spitzenlast, Mittellast und Grundlast
Das Bild zeigt eine tägliche Stromverbrauchskurve. Grundlast wird immer benötigt, Mittellast an vielen Stunden des Tages und Spitzenlast für wenige Minuten ungeplanten Bedarfs. Ein Beispiel: Es müssen 100 Personen zu unterschiedlichen Zeiten von A nach B transportiert werden. Dafür stehen zehn Busse, fünf Autos und ein Motorrad zur Verfügung. Zuerst werden die Busse (Grundlast) eingesetzt, um möglichst viele Personen zu befördern, danach einzelne PKW (Mittellast) und für Eilaufträge das Motorrad (Spitzenlast).

Ganz ähnlich funktioniert der Ausgleich im Stromnetz. Wenn die Abnahmeschwankung nur gering ist, kann sie innerhalb des Niederspannungsnetzes austariert werden. Wenn alle Familien in einer Straße Herd, Licht und Küchengeräte um 12.30 Uhr benutzen, fällt der Strom trotz dieser sogenannten Mittagsspitze nicht aus. Sie ist bekannt und wird aufgefangen. Bleibt es im Saldo eines größeren Gebiets jedoch bei einem Spannungsabfall, muss das übergeordnete Mittelspannungs-netz einspringen. Bei starken Schwankungen pflanzt sich dies bis ins Höchstspannungsnetz fort, das direkt mit den Kraftwerken verbunden ist. Dieser Ausgleich erfolgt europaweit, allerdings nicht grenzenlos. Daher ist eine zweite Sicherung angeschlossen. Auf der „Reservebank" befinden sich Kraftwerke, die sich sehr schnell hochfahren lassen, die bereits bekannten Pumpspeicher- und auch Gasturbinenkraftwerke. Binnen weniger Minuten erhöhen sie die Einspeisung und entlasten so wiederum den ersten Ausgleichsverbund. Dieser zeitsensible Prozess funktioniert vollautomatisch. Er sorgt für die stets an den Verbrauch angepasste Strombereitstellung. Grundsätzlich sind die Schwankungen bei Stromerzeugung und -verbrauch nicht immens und sind entweder bekannt, weil Kraftwerksbetreiber einen Ausfall, z.B. wegen Wartungsarbeiten melden, oder sie sind gut prognostizierbar. Es gibt aber auch Ausnahmen. Für größere Schwankungen im Stromnetz können Ausfälle von Kraftwerken oder auch die großen Industrieabnehmer sorgen. Schwieriger wird es auch, wenn sehr viele unregelmäßige Stromproduzenten anzutreffen sind, wie z.B. Windparks.

Intelligente Netze

Sogenannte *smart grids* berücksichtigen, dass in Zukunft anstatt weniger großer Erzeuger und vieler kleiner Abnehmer ein flexibler Mix aus Produzenten und Verbrauchern entsteht. Das sind zum Beispiel dezentrale Windkraftanlagen, Solarzellen auf dem Dach öffentlicher Gebäude und das Mehrfamilienhaus mit eigenem Blockheizkraftwerk. Natürlich gehören auch die großen Kraftwerke dazu. Der Verbund aus der Gesamtheit der Erzeuger stellt eine Art virtuelles Kraftwerk, dessen einzelne Module durch ein Energie-Internet verbunden sind. Eine Steuerzentrale übernimmt die Koordination des intelligenten Netzes.

Herrscht eine steife Brise, liefern sie viel Energie, bei Flaute jedoch überhaupt keine und bei Sturm bis zum Abschalten der Rotoren zuerst immens viel und dann überhaupt nichts mehr. Dementsprechend hoch muss die Ausgleichskapazität der anderen Stromproduzenten sein. Ein hoher Besatz an Wind- oder auch Photovoltaikanlagen erfordert Investitionen ins Netz und (zumeist) konventionelle Regelenergie-Produzenten. Doch in welcher Höhe sind diese erforderlich?

Dieser Frage ist die Deutsche Energie-Agentur (dena) in ihrer Studie „Energiewirtschaftliche Planung für die Netzintegration von Wind-

energie in Deutschland an Land und Offshore bis zum Jahr 2020"
nachgegangen. Sie kommt zu dem Ergebnis, dass der bestehende
Netzverbund und Kraftwerkspark Energie aus erneuerbaren Quellen
nur bis zu einem Anteil von 20 Prozent (12,5 % Windkraft plus 7,5% andere Renewables) zuverlässig aufnehmen kann. Dieser Wert würde bei
dem zugrunde gelegten Ausbauszenario bereits 2015 erreicht. Eine
Steigerung über diesen Wert hinaus würde die Versorgungssicherheit
erheblich gefährden. Damit es nicht zum Stau kommt, müssen vorhan-
dene Höchstspannungstrassen erweitert und neue gebaut werden. Bis
2015 rechnet die Studie mit einem Ausbaubedarf von über 1200 Kilometern, weitere Tausend wären bis 2020 erforderlich. Mit 1,1 Mrd. Euro
schlägt allein der Ausbau der ersten Stufe zu Buche – bei vergleichsweise langen Planungs- und Genehmigungszeiten von 10 bis zu 12
Jahren von der Investitionsentscheidung bis zur Inbetriebnahme einer
Höchstspannungsleitung. Dies macht den Netzausbau zu einem ehr-
geizigen Unterfangen. Wenn es beim Klimaschutz schnell gehen soll,
müssen diese Zeiten dramatisch verkürzt werden. Deswegen ist das
Energieleitungsausbaugesetz (EnLAG), das 2009 verabschiedet wurde,
dringend notwendig. Es muss sich allerdings noch in der Praxis beweisen.

Ein Plus an Erneuerbaren heißt, dass nicht nur das Netz, sondern
auch der konventionelle Kraftwerkspark ausgebaut werden muss, um
Netzschwankungen auszugleichen. Die dena beziffert den Bedarf an
Regelenergie, die einen Tag im Voraus einplanbar sein muss, für 2015
auf 7.000 MW, was etwa sieben großen Kohlekraftwerken entspricht.
Tatsächlich müssen es aber wesentlich mehr Kraftwerke sein, die jeweils in Teillastbetrieb gefahren werden, denn die Schwankung kann
nach oben (viel Strom bei viel Wind) oder nach unten (kein Wind bei
Flaute) ausfallen, so dass die Regellastkraftwerke ihre Erzeugung
entweder stark drosseln und erheblich steigern müssen. Doch wie
beim Auto, das beständig im Standgasmodus oder im Stadtverkehr
fährt: Der Wirkungsgrad sinkt und somit das Klimaplus der Windkraft
leider ebenso.

Blackouts

Trotz dieser Sicherungsmechanismen kommt es doch ab und an zu
Stromausfällen: Großräumige Blackouts sind allerdings historische

Ereignisse – wie etwa jener 4. November 2006 an dem in Niedersachsen planmäßig eine 380 kV-Leitung abgeschaltet wurde, um einem neuen Kreuzfahrtschiff die Passage durch die Ems von der Werft in Papenburg zur Nordsee zu ermöglichen. In der Folge wurde durch eine Verkettung unglücklicher Umstände, bei der auch menschliches Versagen eine Rolle gespielt hat, die Verbindung zum benachbarten Höchstpannungsnetz überlastet, was wiederum letztlich die Konsequenz hatte, dass weitere Leitungen ausfielen und sich schließlich das gesamte europäische Verbundnetz in drei „Gebiete" trennte – der Techniker spricht hier von „kontrolliertem Lastabwurf", um ein völliges Zusammenbrechen zu vermeiden. 15 Millionen Menschen in ganz Europa waren bis zu 120 Minuten ohne Strom. Weniger Glück hatten Verbraucher im Nordosten der USA im Sommer 2003, die nach einem völligen Zusammenbruch teilweise bis zu einer Woche auf Wiederinbetriebnahme warten mussten. Vielen dürfte auch der Orkan „Kyrill" im Winter des Jahres 2007 noch in Erinnerung sein. Das Unwetter sorgte nicht nur für eingeschneite Dörfer und nasse Keller in ganz Mitteleuropa, sondern fegte auch einige Stromleitungen um. Die Folge: Strom weg für insgesamt fast eine Million Haushalte in allen Teilen Nordwest- und Mitteleuropas.

Schnell malten die Zeitungen düstere Zukunftsprognosen: Die Qualität des Stromnetzes lasse nicht nur zu wünschen übrig, sondern die Stromversorgung werde hierzulande künftig eine Glücksache sein, ähnlich wie in vielen Entwicklungsländern. So weit sind wir in Deutschland noch nicht, von den 525.600 Minuten eines Jahres waren im Jahr 2007, dem Jahr von Kyrill, die Menschen in Deutschland im Durchschnitt 19,25 Minuten ohne Strom – oder 0,0037 Prozent der Zeit eines ganzen Jahres. Interessant ist ein Blick zu unseren europäischen Nachbarn, die teilweise erheblich größere Ausfallzeiten und damit verbundene volkswirtschaftliche Schäden in Milliardenhöhe in Kauf nehmen müssen.

Stromausfallzeiten in Europa in Minuten pro Jahr

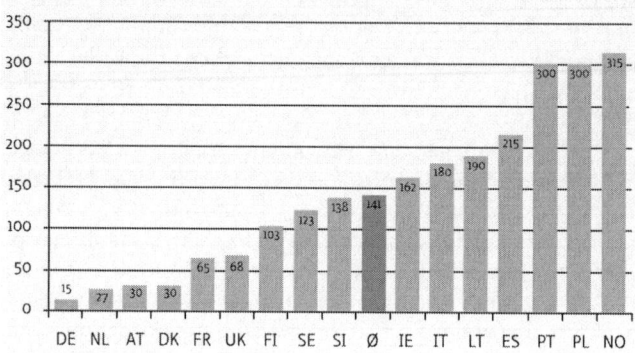

Quelle: Frontier Economics

Wer bezahlt den Stromausfall?
Der Ersatz von Schäden ist seit jeher Zankapfel, weil durch einen Stromausfall in Summe oft sehr hohe Schäden entstehen können. Daher hat der
Gesetzgeber einen Mittelweg gewählt und Schadensersatz nur in Ausnah-
mefällen zugelassen. Damit fließen die Risiken von Stromausfällen nicht in
voller Höhe in die Netzentgelte, der Kunde zahlt also im Ergebnis weniger
für das Netz, bleibt aber bei Stromausfällen auf etwaigen Schäden sitzen.

Nur wenige europäische Länder erreichen eine Stromausfallzeit von
unter einer Stunde im Jahr. Auch im Jahr von Kyrill lag die Bundesrepublik vor den Niederlanden (2007: 33 Minuten) und Österreich (2007:
45 Minuten) auf dem Spitzenplatz. Für den Bürger ist dieser niedrige
Wert erfreulich – lebenswichtig ist er jedoch nicht, weil in Krankenhäu-
sern beispielsweise Notstromaggregate bei Stromausfall anspringen.
Anders denkt der Unternehmer: Jede Minute, die das Büro lahm liegt
und die Maschinen still stehen, bedeutet hohe Verluste. Würde
Deutschlands Ausfallquote auf das Niveau von Spanien sinken, ent-
stünden dadurch volkswirtschaftliche Verluste von 1,5 bis 3,2 Mrd. Euro

– pro Jahr. Dies zeigt, dass eine sichere und zuverlässige Energieversorgung ein wertvoller Standortfaktor für die Wirtschaft ist, den es zu bewahren gilt.

Die Regeln der Regulierung

Das Stromnetz in Deutschland gehört also zu den zuverlässigsten weltweit. Sind wir damit gut gerüstet für die Zukunft? Jein, sagen viele Experten. Denn wie beim Kauf eines Autos spielt nicht nur die Qualität eine Rolle. Wichtig ist auch der Preis. Und hier setzt häufig die Kritik gegenüber den Netzbetreibern an. Stromnetze sind „natürliche Monopole", d.h. es ist viel zu teuer mehrere Stromnetze parallel zueinander zu betreiben (gleiches gilt übrigens für Autobahnen, Schienen- und Telekommunikationsnetze) – abgesehen vom Widerstand, auf den Parallelnetze bei Landschaftsschützern und Hausbesitzern stoßen würde. Konkurrenz durch verschiedene Wettbewerber wird es also im Stromnetzbereich nicht geben. Deshalb ist die Skepsis vor allem gegenüber den Netzbetreibern verbreitet. Der Vorwurf lautet, dass über das Monopol die Preise in die Höhe getrieben werden und damit unliebsame Konkurrenz bei Stromerzeugung und Stromvertrieb aus dem Markt gehalten wird.

Mit dem Ziel, angemessene Preise zu erreichen und einen funktionierenden Strommarkt zu schaffen, greift der Staat über die Bundesnetzagentur in die Stromnetzpreise ein: Nach zwei Preisregulierungsrunden, in denen Netzentgelte festgeschrieben wurden, gilt seit Anfang 2009 die sogenannte Anreizregulierung. Wie funktioniert sie? Einfach gesprochen schaut die Bundesnetzagentur auf die Kosten aller Netzbetreiber, die sich im Wesentlichen aus Kapitalkosten (neudeutsch CAPEX) und Betriebskosten (OPEX) zusammensetzen. Einige Bestandteile sind unveränderlich, z.B. aufgrund der Beschaffenheit eines Versorgungsgebietes mit langen oder kurzen Leitungen, dünner oder dichter Besiedlungsdichte, Hügeln, Bergen oder plattem Land, lockerem Boden oder Steinboden. Durch die Berücksichtigung dieser Punkte wird zunächst Vergleichbarkeit hergestellt. Danach geht es an die Ermittlung des Klassenbesten, der fortan Messlatte für alle anderen Schüler ist. Letztere erhalten von der Bundesnetzagentur nicht nur Obergrenzen für die Entgelte, die sie für die Nutzung der Netze durch andere verlangen dürfen, sondern auch für die Erlöse, die sie hiermit

erwirtschaften dürfen – ein aufwändiges Verfahren, das einer komplet-
ten Wirtschaftsprüfung nahe kommt und Außenstehende längst nicht
mehr verstehen.

Die Obergrenzen wurden erstmals Anfang 2009 festgelegt und
gelten für fünf Jahre. In dieser Phase haben die Netzbetreiber Zeit, ihre
Betriebskosten zu senken. Für die Verbraucher heißt das, wenn auch
mit einer gewissen Verzögerung: niedrigere Strompreise durch niedrigere Netzpreise. Doch auch Unternehmen, die den Betrieb ihrer Netze
besonders effektiv gestalten, können profitieren. Wem es gelingt seine
Kosten stärker zu senken als es die Obergrenzen für Preise und Erlöse
vorgeben, darf die zusätzlichen Gewinne behalten – dies ist der Anreiz,
Klassenprimus zu werden oder Klassenprimus zu bleiben. Einige Ausnahmen gibt es für Investitionen, auch die Größe der Unternehmen
spielt eine Rolle. Denn kleinere Netzbetreiber können manchmal nicht
so effizient arbeiten wie große Netzbetreiber. Im Gegensatz zu den
Großen, die von der Bundesnetzagentur in Bonn reguliert werden,
werden Unternehmen bis 30.000 Kunden von den Landesregulie-

Aus dem Auge aus dem Sinn: Erdkabel – wirklich nur positiv?
Stromkabel lassen sich als sichtbare Freileitung oder im Boden als Kabel
verlegen. Das Niederspannungsnetz, welches die Wohnhäuser mit Strom
versorgt, liegt fast überall unter der Erde, Hoch- und Höchstspannungsleitungen hängen dagegen meist am Mast.
Das Energieleitungsausbaugesetz sieht nun Pilotprojekte für die Verkabe-
lung von Höchstspannungsleitungen vor – nach dem Motto: Ist die Leitung
in der Erde vergraben, sieht sie niemand und stört deshalb keinen. Erdkabel sind gut gegen die Witterung geschützt und stören das Landschaftsbild
vermeintlich nicht. Man erhofft sich deshalb kurze Genehmigungszeiten.
Die Verlegung von Hochspannungsleitungen im Boden ist jedoch extrem
teuer und führt leicht zu fünfmal höheren Kosten. Auch Wartung und
Reparaturen sind sehr aufwändig. Zudem ist die Ökobilanz nicht ungetrübt:
Bei einem 380 kV-Kabel erwärmt sich der Boden stark, er trocknet aus.
Zudem ist nicht nur das Kabel selbst von tief wurzelnden Pflanzen freizu-
halten – auch muss eine sehr breite Trasse für Wartungs- und Reparaturarbeiten zugänglich bleiben.

rungsbehörden kontrolliert, die andere Spielregeln vorschreiben können. Warum der Aufwand? Das neue System und die Kontrolle bringt
Schwung in die Netzmonopolisten, die sich nun am Besten orientieren
müssen, also steigt die Effizienz. Risiken sind dabei allerdings nicht
auszuschließen, denn wenn der Klassenprimus unerreichbar ist, wird
der Frust unter den Durchschnittsschülern, welche die Leistung nie-
mals erreichen können, groß. Als Folge werden ineffiziente Netzbetreiber alle Kosten zusammenstreichen und nicht mehr investieren.
Die Folgekosten könnten durch dieses verständliche Verhalten höher
werden, wenn nämlich Teile des Netzes veralten und dann aufwändig
saniert werden müssen. Es ist hier wie bei einem Auto: Auch ein altes
Auto bleibt bei fortwährender Pflege und Inspektionen zu vertretba-
ren Kosten fahrtüchtig. Wird innerhalb von fünf Jahren aber nichts
investiert, frisst sich der Rost durch die Karosserie und die Mängelbe-
seitigung am Ende kommt teurer als die regulären Inspektionen.

Wie viel Netz verträgt die Umwelt?

Neubauten von Netzen, die meist mit hohem Masten verbunden sind
und in den Augen vieler die Landschaft verschandeln, sind wie Bahn-
trassen, Landebahnen, Autobahnen, Mobilfunkmasten, Umgehungs-
strassen und Kraftwerke immer umstritten. Sobald ein Neubauvorha-
ben bekannt wird, bilden sich Bürgerbewegungen und politische Koali-
tionen, die das Projekt um jeden Preis verhindern wollen, es werden
„Sperrgrundstücke" gekauft, Demonstrationen organisiert und der
gesamte Rechtsweg beschritten. Neben den Eingriffen in das Landschaftsbild wird oftmals diskutiert, dass von Stromleitungen schädliche
Strahlung oder Elektrosmog ausgeht. Die Strahlung ist nicht wegzudis-
kutieren, weil jeder stromdurchflossene Leiter physikalisch ein elek-
tromagnetisches Feld entwickelt und dies unabhängig davon, ob es
sich um eine Freileitung ein Erd- oder ein Seekabel handelt. Umstritten
sind in allen drei Fällen die Auswirkungen auf Mensch und Tier, unzäh-
lige Gutachten wurden und werden angefertigt, absolute und unan-
fechtbare Ergebnisse, die diese Fragen abschließend beantworten,
gibt es nicht.
    Die International Radiation Protection Association (IRPA) sowie
die Weltgesundheitsorganisation WHO haben internationale Sicher-
heitsgrenzwerte für elektromagnetische Felder empfohlen. Diese gel-

ten zwar nicht direkt in Deutschland, die Bundesrepublik hat aber im Vergleich zu den IRPA-Empfehlungen strengere Obergrenzen festgelegt. Beim elektrischen Feld darf nur ein Fünftel der WHO-genehmigten Stärke erreicht werden, beim magnetischen nur ein Fünfzigstel. Bei neuen Planungen wird daher von Genehmigungsbehörden darauf geachtet, dass Wohngebiete nicht „überspannt" werden.

- Das Stromnetz ist das Rückgrat für eine verlässliche Versorgung mit Elektrizität. Der Strom fließt auf dem Weg vom Kraftwerk bis zur Steckdose über vier verschiedene Spannungsebenen: Höchstspannung mit 380 und 220 kV, Hochspannung mit 110 kV, Mittelspannung mit 20 kV und Niederspannung mit 400 bzw. 230 V.
- Der internationale Stromaustausch trägt erheblich zur Verbesserung der Netzqualität bei. Kein Land in Europa hat gemessen am Handelsvolumen so viele offene Grenzen für Strom wie Deutschland. Auch die Stromausfallzeiten hierzulande zählen europaweit zu den niedrigsten.
- Aufbau, Wartung und Aufrechterhaltung des 1,6 Millionen Kilometer langen deutschen Netzes und seiner technischen Anlagen sind aufwendig. Etwa 30 Prozent des Strompreises für Endverbraucher entfallen auf Entgelte für die Nutzung des Netzes, die durch die Bundesnetzagentur reguliert werden.
- Mehrere parallele Stromnetze unterschiedlicher Betreiber sind sowohl wegen immenser Kosten als auch aus Gründen der Landschaftsbilderhaltung nicht sinnvoll. Das Netz besteht somit als natürliches Monopol fort. Der diskriminierungsfreie Zugang und die Nutzungsentgelte werden von der Bundesnetzagentur überwacht.
- Das Austarieren von Schwankungen innerhalb des Netzes ist unerlässlich, da das Netz keinen Strom speichert. Nach dem Just-in-Time-Prinzip muss Strom im selben Augenblick erzeugt werden, in dem er verbraucht wird.
- Der Ausbau von Energieträgern mit unvorhersehbarer Leistung (wie etwa Windkraft) bedarf erheblicher Investitionen ins Netz und auch in den konventionellen Kraftwerkspark, um die Schwankungen auszugleichen.

10 Minuten Markt und Preise
Billiger durch mehr Wettbewerb?

Markt und Handel

Im Freiheitsbrief von 1219 stellte Friedrich II der Stadt Nürnberg weit reichende Marktrechte aus – der Grundstein für den rasanten Aufstieg der Frankenmetropole, die im späten Mittelalter mit Prag und Köln zu den größten Städten nördlich der Alpen wuchs. Zum geltenden Marktrecht gehörte auch, dass jeder Kaufmann seine Waren zu dem Preis anbieten konnte, den er dafür verlangen wollte. Mehr als die persönlichen Preisvorstellungen des Kaufmanns zählten aber das Verhältnis von Angebot und Nachfrage. Eine Ware, die kaum jemand hatte, aber von jedem begehrt wurde, erzielte einen entsprechenden hohen Preis. Weniger Profit konnte einstreichen, wer nur Ladenhüter in seinem Stand oder Geschäft feilbot. Der Markt wurde damit zu dem Ort, an dem sich Käufer und Verkäufer treffen, um Preis und Menge eines Gutes zu verhandeln. Nicht nur Nürnberg entwickelte dank Marktrecht rasch einen beachtlichen Wohlstand. Überall in Europa, vor allem in Norditalien, an dessen Händler uns noch heute Worte wie *Konto, brutto* und *netto* erinnern, aber auch an der Ostsee und in Flandern entstanden mächtige Handelsstädte und Handelsgesellschaften.

Energie- und Brotpreise

Die Preisbildung und Marktmechanismen werden für die Kunden bei Geschäften des täglichen Lebens meist nicht sichtbar, da der Kunde im Supermarkt immer einen festen, ausgezeichneten Preis vorfindet und auf dieser Grundlage auch meist abgerechnet wird. In der Regel werden Produkte auf Grundlage von Qualität und Preis verglichen, Findige fragen nach Skonto, bei größeren Anschaffungen wie einem Auto wird verhandelt. Die den Preis bildenden Mechanismen werden erst bei näherer Betrachtung deutlich, wenn z.B. öffentlich diskutiert wird, wie viel Geld der Bauer von der Molkerei für einen Liter Milch erhält, warum eine Überführungsgebühr für den Neuwagen anfällt, wie viele Luxusautos bei einem Autohändler auf Halde stehen oder ob der Strompreis angemessen ist.

Die Preise für die lebenswichtigen Dinge und Dienstleistungen, auf die alle Menschen angewiesen sind, stehen unter besonderer Beobachtung: Strom, Wasser, Brot, Heizung, Miete, Benzin- und Fahrkartenpreise bestimmen die öffentliche Diskussion. Daher waren und sind die Preise in diesen Bereichen teilweise noch staatlich festgelegt, subventioniert oder kontrolliert. Bereits im frühen Mittelalter musste der Brotpreis in Paris bei der örtlichen Polizei registriert werden – als er am 14. Juli 1789 auf ein Allzeithoch kletterte, erstürmten Handwerker die Bastille und starteten damit die Französische Revolution. Seither ist die französische Regierung bei jeglichem Aufflackern von zivilem Ungehorsam äußerst wachsam und offen für Zugeständnisse, so dass streikende LKW-Fahrer vor einigen Jahren zum Ausgleich für gestiegene Dieselpreise Steuersenkungen für das Transportgewerbe durchsetzen konnten. Sind Energiekosten der Brotpreis des 21. Jahrhunderts? Viele Politiker und Wissenschaftlicher beantworten diese Frage klar mit „ja", weil ohne Energie in modernen Gesellschaften nichts mehr geht. Ohne Strom oder Öl ist die Ernährung der heutigen Bevölkerung nicht gesichert, Energie liefert einen Teil des Kitts, der moderne Gesellschaften zusammenhält. Die Ursache von Krisen hat sich seit Zeiten der französischen Brotknappheit nicht maßgeblich geändert: Wenn Energie oder Brot teuer sind, bleibt wenig Geld für anderes, was wiederum Kaufzurückhaltung nach sich zieht, die – vereinfacht – zu weniger Produktion, einem Beschäftigungsmangel in Folge und damit einer Wirtschaftskrise führen kann.

Monopol oder Markt?

Der Rückblick in die Geschichte zeigt, dass in jedem Markt aus Angebot und Nachfrage ein Preis entsteht. Tatsächlich hat sich das Prinzip der Marktwirtschaft fast überall durchgesetzt und bewährt. Wer einen neuen Fernseher kauft, kann nicht nur zwischen zig Herstellern wählen,

Wettbewerb um Stromkunden
Start der Liberalisierung: 1998, Anzahl der Stromanbieter: ca. 1.000
Seit 1998 haben 62 Prozent der deutschen Privathaushalte aktiv einen Versorger- oder Tarifwechseln vorgenommen (Stand Juni 2008).

sondern auch aussuchen, in welchem Geschäft er einkauft oder ob er lieber online bestellt. Das gleiche gilt für Dienstleistungen wie Bankkonten, Friseure oder Telefontarife. Bei Letzteren ist „der Markt" jedoch noch gar nicht so alt, obwohl wir heute wie selbstverständlich die Angebote im Internet vergleichen oder günstigere Nummern vorwählen. In den Ländern der EU war bis in die 80er Jahre Telefonieren ein exklusives Geschäft, das über staatliche Monopolisten laufen musste.

Noch länger währte dieser Zustand im Bereich der Energieversorgung: Das Stadtwerk oder das Energieversorgungsunternehmen (EVU) belieferte den Abnehmer in seinem Gebietsmonopol zu behördlich festgelegten Tarifen an fest definierten Übergabepunkten mit Wasser und Strom. Diese Wortwahl klingt so alt wie sie ist – galt aber bis Ende der 90er Jahre. Seit 1935 erlaubte es das Gesetz, dass die Kommunen ausschließliche Konzessionen an die Energieversorgungsunternehmen vergeben durften. Das hieß konkret: Der Kunde X in einer Stadt Y bekommt Strom nur vom Versorger Z. Das de facto schon vorher bestehende Monopol der Stadtwerke und Versorgungsunternehmen war damit fest zementiert. Warum eigentlich? Ähnlich wie bei Bahn, Telefon und Bus wurde auch im Energiebereich politisch der Schwerpunkt auf Versorgungssicherheit gesetzt und daher unter staatliche Kontrolle gestellt – aus Sicht der öffentlichen Hand machte es keinen Sinn, parallele Infrastrukturen zu bauen, z.B. zwei nebeneinander liegende Autobahnen oder eben Stromnetze. Das Risiko: Monopolisten sind anfällig für Quersubventionierungen, wodurch Wettbewerb unterbunden wird, da andere Unternehmen nicht mehr mithalten können. Beispiel: Ein Stadtwerk nimmt ein zu hohes Netzentgelt, wodurch Wettbewerber von einer Belieferung von Kunden mit Strom in diesem Stadtgebiet abgehalten werden, weil sich eine Kundenbelieferung nicht rechnet. Sobald doch ein Wettbewerber die Entgelte bezahlen sollte, nimmt das Stadtwerk die ungerechtfertigten Überschüsse aus den Netzen und alimentiert damit den eigenen Stromvertrieb, wodurch dieser günstigere Angebote machen kann.

Frischen Wind ins Stromgeschäft brachten Mitte der 90er Jahre die EU und die Bundesregierung: Das neue Energiewirtschaftsgesetz schaffte die verordneten Gebietsmonopole ab und gewährte konkurrierenden Anbietern einen diskriminierungsfreien Zugang zum Netz. Seither kann jedes Stromunternehmen und jeder Stromhändler von jedem Produzenten Strom kaufen oder selbst Strom produzieren, diesen über das natürliche Monopol des Netzbetreibers zu regulierten

Preisen transportieren und ihn an jeden seiner Kunden verkaufen. Die Marktöffnung wurde nach einigen Startschwierigkeiten mit der Schaffung der Regulierungsbehörde gesetzlich weiter ausgestaltet: Die Bundesnetzagentur genehmigt die Netztarife und die Erlöse. Sie beaufsichtigt außerdem die Trennung des Netzbereiches von allen anderen Geschäftsbereichen eines Energieversorgers wie Erzeugung, Handel und Vertrieb. Übertragen auf einen Supermarkt heißt das: Jeder Hersteller kann seine Waren an den Supermarkt liefern. Für die Einstellung der Waren ins Regal zahlt er ein behördlich festgelegtes Entgelt. Verweigert der Supermarkt die Auslage der Ware, sind Schadensersatz und Bußgeld die Folge.

Was kostet Strom?

Oberstes Ziel der Liberalisierung sind faire Preise für Verbraucher und Produzenten durch Steigerung der Effizienz. Ein Durchschnittshaushalt von drei Personen mit einem Jahresverbrauch von 3.500 kWh zahlte für die Kilowattstunde 2008 im Durchschnitt knapp 22 Cent – genug für sieben Stunden fernsehen, einen Hefekuchen zu backen oder eine Maschine Wäsche zu waschen. Hierin eingeschlossen sind neben den Erzeugungs- und Transportkosten auch alle Steuern und Abgaben sowie Sonderumlagen für die Förderung Erneuerbarer Energien und Kraft-Wärme-Kopplung.

Letztere machen etwa 40 Prozent des Strompreises aus. Den größten Anteil haben dabei vor allem Strom- und Mehrwertsteuer sowie die Konzessionsabgabe, die von Städten und Gemeinden dafür erhoben wird, dass sie ihre kommunalen Stromnetze und Infrastrukturen zur Verfügung stellen. Auch die Förderung von Erneuerbaren Energien und Kraft-Wärme-Kopplung macht etwa sechs Prozent der Endverbraucherpreise aus.

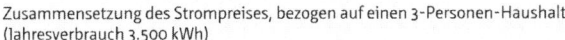

Zusammensetzung des Strompreises, bezogen auf einen 3-Personen-Haushalt
(Jahresverbrauch 3.500 kWh)

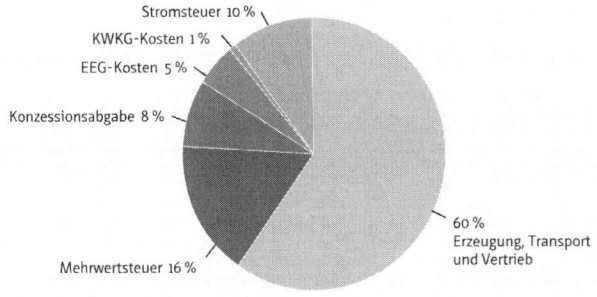

Stromsteuer 10 %
KWKG-Kosten 1 %
EEG-Kosten 5 %
Konzessionsabgabe 8 %
Mehrwertsteuer 16 %
60 %
Erzeugung, Transport
und Vertrieb

Quelle: BDEW-Strompreisanalyse, Februar 2009

Liegt es also nur an den gestiegenen Abgaben, dass die Stromrechnung immer höher ausfällt? Als Sündenbock taugt der Fiskus schließlich immer gut, aber auch ohne den Staatsanteil wären die Strompreise gestiegen – allerdings nur leicht. Im Zehnjahresvergleich von 1998 bis 2008 zogen die Strompreise ohne Steuern für Privatkunden und kleine Gewerbekunden um 3,4 Prozent an, was deutlich unter den gestiegenen Lebensunterhaltkosten von rund 16 Prozent liegt.

Entwicklung der Strompreise für Privathaushalte in Deutschland

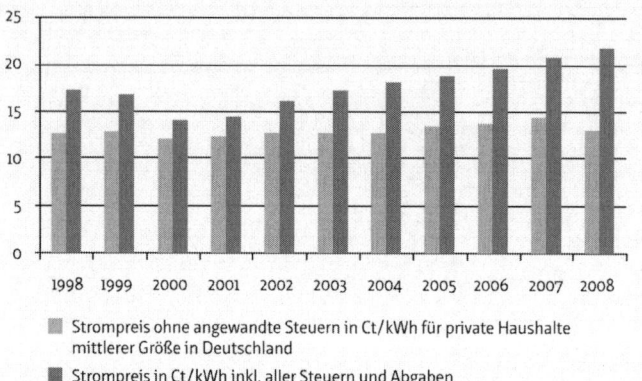

Strompreis ohne angewandte Steuern in Ct/kWh für private Haushalte
mittlerer Größe in Deutschland

Strompreis in Ct/kWh inkl. aller Steuern und Abgaben

Quelle: Eurostat, BDEW Strompreisanalyse 2009

Funktioniert der Markt?

Wie in allen anderen Wettbewerbsmärkten können auch auf den
Strommärkten alle Kunden von Erzeugern und Handelsfirmen beliefert
werden. Voraussetzung für ein Funktionieren ist Liquidität, d.h. es
muss Angebote geben, die die „Verkaufsstände" der Händler auf dem
Marktplatz füllen. Auf dem Strommarkt tummeln sich Erzeuger, Händler ohne eigene Erzeugung, Zwischenhändler und große Endkunden
wie Industrieunternehmen und Stadtwerke. Der Strommarkt dient also
zur Deckung des eigenen oder fremden Strombedarfs und der Ver-
marktung von Strom. Der klassische Vertrieb orientiert sich an den
Marktpreisen, weil bei höheren Preisen andere Händler günstiger
anbieten würden – sie könnten quasi risikolos auf das höhere Angebot
einsteigen. Auch Erzeuger achten daher darauf, dass sie immer zum
Marktpreis verkaufen, weil sonst Händler sofort den Strom unter
Marktpreis kaufen und zum Marktpreis verkaufen würden – passiert
dies, spricht man von Arbitragegeschäften.
    Die Preisbildung auf Märkten ist weitaus komplexer als bilaterale
Einzelgeschäfte und hängt auch vom jeweiligen Markt ab. Wie bei

anderen Handelsgütern, wie z.B. für Fleisch oder Sojabohnen, unterteilt sich auch der Strommarkt in einen Spotmarkt und einen Terminmarkt. Auf dem Spotmarkt wird Strom jeweils für den Folgetag gehandelt, auf Terminmärkten besteht ein weit größerer zeitlicher Vorlauf. Ein Anbieter, der für die nächsten Jahre starke Kundenzuwächse erwartet kann auf dem Forwardmarkt Lieferungen für bis zu sechs Jahre vereinbaren. Beide Märkte haben ihre Berechtigung, sie stehen zwar im Wettbewerb, orientieren sich aber aneinander und haben auch unterschiedliche Zielsetzungen. Am Terminmarkt wird sich ein Großkunde immer eindecken, um eine planbare Sicherheit zu haben, an einem Tag des Folgejahres Strom zu einem bestimmten Preis zu erzielen. Der Spotmarkt dient in der Regel dem kurzfristigen Kauf von fehlenden Gütern. Ein Stadtwerk wird immer eine Mischvariante wählen, um Risiken und Chancen zu streuen. Zum Vergleich: Ein Bauträger wird auch die erforderlichen Materialien wie Ziegel, Rohre, Dachpfannen, Farbe und Elektrokabel mit einem Zeitvorlauf einkaufen und einige Artikel, wie fehlende Nägel etc. am Tag zuvor. Den Preis des Hauses kalkuliert er weit vor Fertigstellung und auf jeden Fall vor der Unterzeichnung des Kaufvertrages. Der Unterschied zum Bauträger ist, dass Strom nicht gespeichert werden kann und daher auch nicht bis zu seinem Verbrauch wie Baumaterialen zwischengelagert werden kann – hierdurch erlangt der Spotmarkt eine große Bedeutung.

Wie bildet sich nun der Preis? Strom wird sehr unterschiedlich nachgefragt, mal viel, mal wenig, von einigen Kunden manchmal gar nicht. Die Kraftwerkskapazitäten müssen sich aber an der höchsten Last oder dem Gipfel der „Lastspitze" ausrichten, damit die Versorgung noch funktioniert, wenn alle Kunden Licht anmachen, ihre Weihnachtsgänse braten und Fabriken die Maschinen anschmeißen. Den überwiegenden Rest des Jahres überlegen die Kraftwerkserzeuger also, wie sie ihren Park möglichst verbrauchsnah und effizient betreiben.

Die Planung eines Taxiunternehmers verläuft ähnlich: Wann ist wo mit welchen Kunden zu rechnen und wie viele Autos werden dafür eingesetzt? Dabei werden vom Taxiunternehmer Fixkosten wie Steuer, Versicherung, Fahrerlohn, Kapitalkosten und Wartung sowie variable Kosten wie vorwiegend Benzin und Abnutzung des Fahrzeugs betrachtet. Gleiches gilt für die Kraftwerke, die zwar nicht mit Benzin, sondern Kohle, Gas oder Uran laufen, die aber auch wie ein Taxi gewartet werden müssen, Kapitalkosten verschlingen und von Menschen betrieben werden, die Lohn erhalten. Die Entscheidung, ob und welches Taxi eingesetzt werden soll, hängt von den sogenannten „Grenzkosten" ab. Kurz: Kann auch das für den Unternehmer teurere Fahrzeug auf die Strasse geschickt und damit noch Geld verdient werden? Die Durchschnittskosten aller eingesetzten Taxis sind die Vollkosten.

Auch die Einsatzplanung im Kraftwerksbereich richtet sich nach einer Rangliste, die man neudeutsch „Merit order" nennt: Sie bestimmt, welche Kraftwerke wann betrieben werden. Es kann dabei auch durchaus für einen Erzeuger Sinn machen, Strom aus einem großen Kraftwerk unter den Vollkosten zu verkaufen. Grund: Der Teil der Fixkosten kann so groß sein, dass der erzielte (geringe) Gewinn besser ist als nichts. Gäbe es nachts ein Überangebot an Taxis und würde der Fahrerlohn einen großen Teil der Fixkosten ausmachen, würde der Taxiunternehmer Fahrgäste in dieser Zeit auch für ein geringeres Transportentgelt unterhalb der Vollkosten transportieren. Anders als im Strommarkt ist das allerdings nicht möglich, weil die Beförderungsentgelte für das Taxigewerbe behördlich vorgegeben sind.

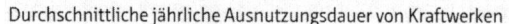

Durchschnittliche jährliche Ausnutzungsdauer von Kraftwerken

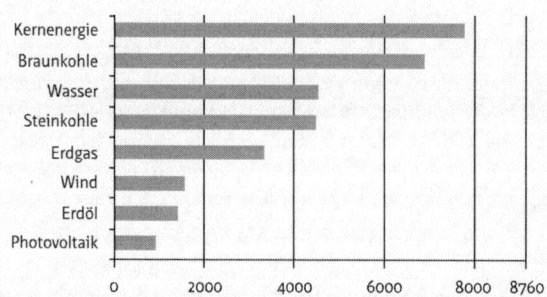

1 Jahr = 8.760 h

Quelle: destatis, VDEW

Oft wird kritisiert, dass es auf dem Strommarkt nur wenige Erzeuger gibt, die Strom auf dem Markt anbieten. Außerdem sei keine Liquidität vorhanden – hierdurch würden von wenigen Marktteilnehmern die

Preise manipuliert. Richtig ist, dass nicht der gesamte erzeugte Strom an der Strombörse, der European Energy Exchange (EEX) in Leipzig, gehandelt wird. Richtig ist aber auch, dass sich an der EEX ein reger Markt entwickelt hat (etwa 20 Prozent des deutschen Stromverbrauchs). Außerdem sind über zweihundert Marktteilnehmer aus 20 Ländern tätig, was für eine gewisse Liquidität spricht. Die EEX hat sich durch die gehandelten Volumina und die Anzahl der Marktteilnehmer zur Stromreferenzbörse in Kontinentaleuropa entwickelt und sie beschränkt sich auch nicht auf rein deutsche Erzeugung. Der Gesamtmarkt für Strom ist aber noch viel größer. Die EEX wickelt nämlich auch so genannte „Over the counter"-Geschäfte ab, also Geschäfte zwischen zwei Partnern außerhalb des Börsenhandels, die mehr als das 6-fache des deutschen Verbrauchs ausmachen.

Wie kommt nun der aktuelle Preis an der Strombörse zustande? Es ist derjenige des „teuersten" Kraftwerks, das innerhalb der merit order gerade noch am „billigsten" produziert. Wie bitte? Zum Vergleich: Es stehen unserem Taxiunternehmer drei Taxis zur Verfügung: Kleinwagen, Mittelklasse, Oberklasse, wobei letztere die teuerste ist. Diese wird er für „normale Fahrten" nur dann einsetzen, wenn er damit Geld verdienen kann, der Fahrpreis also leicht über dem Grenzkosten liegt. Gibt es einen hohen Taxibedarf wird sich der Preis für den Kleinwagen an dem der Mittelklasse orientieren. Das Kleinwagentaxi wird also nicht billiger angeboten.

Tatsächlich ist für einen Teil des erzeugten Stroms Wettbewerb um Stromlieferungen entstanden. Es gibt allerdings noch eine Reihe von Faktoren, die für einen vollkommen, freien Markt erforderlich sind. Maßgeblich wäre nämlich die Freiheit der Standortwahl, d.h. jeder Erzeuger müsste mit Produktionsmitteln seiner Wahl dort produzieren können, wo er die besten Voraussetzungen hat. Dies ist nicht möglich: So können Windparks oder Steinkohlekraftwerke an der See wegen mangelnder Netzkapazitäten nicht mehr uneingeschränkt aufgestellt werden, Neubauten von Kernkraftwerken sind in Deutschland nicht möglich, Braunkohle hat einen Umweltmalus und Gaskraftwerksbetreiber sehen angesichts der Versorgungssicherheit sorgenvoll in Richtung Ukraine.

Auf dem französischen Markt, der von Electricité de France (EDF) fast allein dominiert wird und der bisher nicht durch allzu viel Wettbewerb aufgefallen ist, sind die Preise allerdings niedriger, auch wenn man die deutschen Zusatzkosten abzieht. Führt der Strommarkt also

zu höheren Preisen? Die Antwort ist ein klares „Nein", denn jeder
Marktpreis kann unterboten werden, wenn es staatliche Preisober-
grenzen und Subventionen gibt wie in Frankreich. Die Bürger müssen
diese Kosten dann aber u.U. als Steuerzahler wiederum bezahlen.

Die Liberalisierung des Strommarktes in Europa ist gerade zehn
Jahre jung und noch sehr unterschiedlich ausgeprägt – seine Wirkme-
chanismen wie beispielsweise die Strombörse und der Emissionshan-
dels müssen aufgrund der langen Planungszeiten und Genehmigungs-
verfahren für neue Anlagen längerfristig gesehen werden. Wer dem
Strommarkt ein ehrliches Zeugnis ausstellen will, muss daher mindestens einen Investitionszyklus von 20 Jahren abwarten. Bis dahin gilt es,
das Pflänzchen Wettbewerb zu hegen.

Strompreis und andere Märkte
Die Grenzkosten bestimmen als variable Posten den Handelspreis für
Strom. Dadurch hängt der Strompreis auch von der Entwicklung auf anderen Handelsmärkten ab. Sind etwa die Preise für Steinkohle oder CO_2-
Emissionsrechte auf Höhenflug, steigen auch die Grenzkosten. Und sogar
eine Hitzewelle in Südeuropa kann an der Strombörse EEX zu Ausschlägen
führen. Denn wenn dort alle Klimaanlagen auf Hochtouren laufen, wird
unter Umständen auch hierzulande Last hochgefahren.

Handeln für das Klima

Ein weiteres marktwirtschaftliches Instrument des Energiemarktes ist
der europäische Emissionshandel. Wie kann und warum will man mit
CO_2 handeln? Ein Vergleich: Die Bewohner eines großen Hauses müssen Wasser sparen. Sie einigen sich darauf, dass jeder nur noch 100
Liter Wasser am Tag verbrauchen darf. Wer mehr benötigt, muss Stra-
fe zahlen: Entweder er gibt Geld in die allgemeine Kaffeekasse oder er
macht einen Deal mit einem der anderen Bewohner. Denn diese können, sofern sie selbst unter den 100 Litern bleiben, ihr überschüssiges
Wasser meistbietend verkaufen. Das passt vielleicht nicht allen, doch
man einigt sich, zum Wohle der Allgemeinheit und mit dem Ziel, die
knappen Wasserressourcen zu schonen, das System einzuführen.
Einige Vorreiter – vielleicht die besonders Sparsamen – wollen im

nächsten Jahr allerdings noch einen Schritt weitergehen. Statt 100 Litern soll jeder nur noch 90 Liter „frei" haben. Und auch für das dritte Jahr des Zusammenlebens gibt es erste Vorschläge: Wie wäre es, wenn niemand mehr Wasser umsonst zugeteilt bekommt, sondern alle schon für den ersten Liter ein Nutzungsrecht erwerben müssen? Schließlich kann man sich auch an Wassersparprojekten in Entwicklungsländern beteiligen und die dortige Wasserersparnis wird einem daheim gutgeschrieben.

So ähnlich läuft der europäische Emissionshandel (EU-ETS). Er hat zum Ziel, die CO_2-Emissionen der EU zu senken, und dies auf möglichst effiziente und günstige Art. Die Idee dabei ist einfach: Bestimmten Emittenten von Kohlendioxid – vor allem Energieerzeuger und große Industriebetriebe – wird eine Obergrenze für ihren CO_2-Ausstoß zugewiesen. Hierfür erhalten sie eine bestimmte Anzahl von Zertifikaten. Fortan müssen sie für jede Tonne CO_2 ein Zertifikat vorlegen, das ihnen den Ausstoß erlaubt. Zunächst wurden die Zertifikate kostenlos zugeteilt, und zwar in etwa auf Höhe der tatsächlichen Emissionen. In dieser Phase änderte sich für die Emittenten wenig, denn sie konnten ohne zusätzliche Kosten auf gleichem Niveau weiter produzieren. Der Effekt: Betreiber haben in ihre Überlegungen, welches Kraftwerk wann wie viel laufen soll, den Aspekt „CO_2" mit einbezogen. Im nächsten Schritt wurde die Zahl der frei vergebenen Zertifikate gesenkt. Zusätzlich benötigte Zertifikate mussten durch Versteigerungen hinzugekauft werden. Auf diesem Markt kann nun auch ein Erzeuger, der seine Emissionen so weit senkt, dass er unter den ihm zugeteilten Mengen bleibt, die übrigen Zertifikate anderen anbieten. In der laufenden zweiten Phase des EU-ETS ist dies bereits der Fall, denn ausgegeben wurden weniger Zertifikate als Emissionen anfallen. Ähnlich wie im Beispiel der Wassersparer sollen in der dritten Periode ab 2013 die Zügel nochmals gestrafft werden. Zum einen werden weitere Branchen wie z. B. der Luftverkehr und neben CO_2 auch andere Treibhausgase wie Methan oder Lachgas einbezogen. Zum anderen wird eine EU-weite Obergrenze für Emissionen festgelegt, die bis 2020 jährlich um knapp zwei Prozent sinkt. Wer weiß, dass Wirtschaftswachstum und steigender Energiebedarf in der Vergangenheit meist Hand in Hand gingen, ist sich dieser großen Herausforderung bewusst. Mit dem neuen System endet auch die Diskussion, ob Erzeugungsunternehmen die kostenfrei erteilten Zertifikate einpreisen dürfen – die Versteigerungserlöse erhält nämlich der Staat.

Nach dem Willen der EU soll der Anteil kostenfreier Zertifikate schrittweise auf Null sinken. Was bedeutet das? In erster Linie wirkt dies wie eine zusätzliche Steuer für alle Emittenten. Denn die Einnahmen fließen zum größten Teil an die Mitgliedsstaaten zurück. Für den Strompreis heißt das: Jede Kilowattstunde wird etwa um den Betrag teurer, den die Erzeuger für ihre CO_2-Emissionen zahlen müssen. Ginge man davon aus, dass 2013 eine Tonne CO_2 etwa 30 Euro kostet, kommt man bei 300 Mio. Tonnen CO_2 aus der Stromwirtschaft auf jährliche Belastungen von neun Mrd. Euro. Gut fürs Klima, schlecht für die Haushaltskasse, eventuell verheerend für die Arbeitsplätze in Deutschland. Denn Deutschland, muss im Vergleich mehr aufwenden als etwa französische Konzerne, die weniger CO_2 emittieren oder osteuropäische Unternehmen, für die das Versteigerungssystem nicht sofort gilt. Nicht unwahrscheinlich, dass die Gewinner des Systems bald kräftig in den Zertifikatehandel einsteigen. Die Folgen für die Stromwirtschaft hierzulande könnten drastisch sein. Wichtig ist daher, dass bei einem „Wassersparhandel" alle Länder, Städte und Häuser mitmachen und es zwischen den Wassersparern keine Ausnahmen gibt. Dieses Ziel muss die Bundesregierung ab 2020 anstreben. Schließlich soll man auch die Möglichkeiten des „Wassersparens in Entwicklungsländern" und die Anrechnung der Bemühungen vorantreiben – durch die so genannten „Joint Implementation" (JI) und „Clean Development Mechanisms" (CDM) kann nämlich CO_2 in der Ferne viel günstiger eingespart werden als daheim; der positive Umwelteffekt bleibt gleich.

Da es für das Klima egal ist, wo Kohlendioxid ausgestoßen oder eingespart wird, ist eine globale Betrachtung unerlässlich. Wenn der Emissionshandel auf die EU beschränkt bleibt, besteht das Risiko, dass jede Tonne Kohle, jeder Kubikmeter Gas und jeder Liter Öl, der nicht mehr in der EU eingesetzt wird, irgendwo anders auf der Welt verbrannt wird – und dort für CO_2-Emissionen sorgt. Der schwedische Regierungschef Fredrik Reinfeldt hat es auf den Punkt gebracht: „Wir brauchen eine globale Antwort auf dieses globale Problem".

- Das deutsche Energiewirtschaftsgesetz (EnWG) leitete 1998 die Deregulierung des Strommarktes ein, mit dem Ziel, günstige Tarife für Verbraucher und gewerbliche Abnehmer zu schaffen.
- Seit 1998 sind die Strompreise für Privathaushalte ohne Steuern und Abgaben leicht gestiegen. Bezieht man Steuern und Abgaben

allerdings mit ein, ergibt sich eine Steigerung von 26,5 Prozent. In jeder Kilowattstunde Strom stecken staatliche Abgaben in Höhe von etwa 40 Prozent.

- Mittlerweile tummeln sich etwa 1.000 Stromanbieter auf dem deutschen Markt. Seit Beginn der Liberalisierung haben 62 Prozent der Privathaushalte einen Tarif- oder Anbieterwechsel vorgenommen.

- Mit Gründung der European Energy Exchange (EEX) in Leipzig im Jahre 2000 hat sich ein reger europäischer Strommarkt mit über 200 Marktteilnehmern aus 20 Ländern etabliert.

- Mit dem Emissionshandel steigt der Anreiz, die CO_2-Emissionen der Stromproduktion zu senken. Er ist das am besten geeignete Instrument zur Erreichung der Klimaschutzziele. Die derzeitige Ausgestaltung der Zertifikateversteigerung schafft keine gleichen Bedingungen in ganz Europa. Der Zertifikatehandel muss global ausgedehnt werden, um das globale Problem Klimawandel zu lösen.

10 Minuten Zukunft der Technik
Visionen oder Illusionen?

Im energiepolitischen Zieldreieck sind mit der heute verfügbaren Technik noch nicht alle Widersprüchlichkeiten aufzulösen: Die Erneuerbaren haben ihr Plus beim Klima- und Umweltschutz, erweisen sich aber bei den Themen Versorgungssicherheit und Wirtschaftlichkeit als nachteilig. Kohle ist relativ preisgünstig und sehr zuverlässig zu haben, führt aber zu einem hohen CO_2-Ausstoß. Kernenergie wirkt zwar preisdämpfend, gewährleistet die Versorgungssicherheit und ist auch klimafreundlich – doch führt sie gerade in Deutschland zu einer scharfen gesellschaftspolitischen Polarisierung. Gas zur Stromerzeugung ist zwar relativ klimafreundlich, aber teuer und führt in die Abhängigkeit weniger, z.T. instabiler Exportländer. In den bisherigen Kapiteln wurde gezeigt, wie man mit Weiterentwicklungen der Techniken diese Zieldivergenzen zu einem Teil auflösen kann: CCS, Steigerung von Kraftwerkseffizienzen, neueste Generationen der Kernenergie, zahlreiche Fortschritte bei den Erneuerbaren.

Wie können wir aber mithilfe ganz neuer Techniken klimafreundlich, wirtschaftlich und zuverlässig Energie erzeugen? Was sind neben den schon genannten Zukunftstechnologien neue Ansätze im Bereich der Energie?

Energieeffizienz und Smart Metering

Das erste Stichwort heißt auch hier: Effizienz. Ziel der Bundesregierung ist es, die Energieproduktivität – also die Frage, wie viel Energie benötigt wird, um das Bruttoinlandsprodukt zu erwirtschaften – bis 2020 gegenüber 1990 zu verdoppeln. 3 Prozent Verbesserung bedarf es dafür jedes Jahr von heute an – die Steigerungsraten von 2000 bis 2008 waren aber mit 1,6 Prozent deutlich kleiner. Und: Erst ab dem Jahr 2005 ging der Primärenergiebedarf zurück, aber auch nur in sehr geringem Umfang. Der Stromverbrauch selbst stieg sogar jedes Jahr an – mit Ausnahme des Jahres 2008, an dessen Ende sich allerdings die Wirtschaftskrise schon bemerkbar machte. In dem Jahr sank der Stromverbrauch um 0,3%. Das Umweltministerium strebt jedoch eine Reduktion des Strombedarfs von 11 Prozent bis 2020 an. Die politischen Ziele im Blick auf die Energieeffizienz sind also sehr ehrgeizig.

Ihre Realisierungschancen hängen von neuen technischen Lösungen und dem Engagement aller ab.

Im Kraftwerksbereich spielt die Frage der Effizienz – wie dargestellt – eine entscheidende Rolle: Mit immer weniger Ressourcen soll immer mehr Strom produziert werden. Forscher und Techniker kümmern sich um die „Primärenergieeffizienz". Aber auch jeder einzelne ist aufgerufen, sparsamer mit der Energie umzugehen.

Wo kann jeder persönlich am meisten sparen? Mit etwa 42 Prozent macht das Tanken den Löwenanteil an den Energiekosten für einen durchschnittlichen Haushalt in Deutschland aus. Heizung und Warmwasser schlagen mit 37 Prozent zu Buche. Für Strom muss der Durchschnittsbürger von den gut 2.600 Euro Gesamtenergiekosten pro Jahr 378 Euro reservieren – also etwa ein Sechstel.

Jährliche Energiekosten pro Haushalt in Euro, 2008

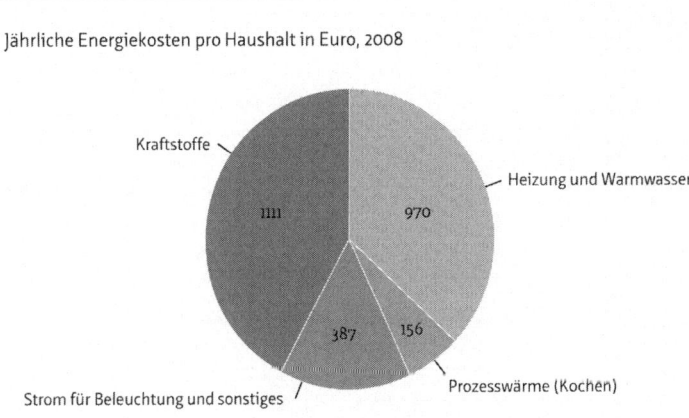

Kraftstoffe

Heizung und Warmwasser

1111   970

387   156

Strom für Beleuchtung und sonstiges

Prozesswärme (Kochen)

Quelle: BMWI-Energiestatistiken, Datenblatt 28

Spritsparende Autos, neue Heizungsanlagen, zeitgemäße Isolierungen, Energiesparhäuser sind deshalb zum Sparen von Energiekosten und zur Senkung des Energieverbrauchs im privaten Bereich wichtige Ansätze, wenn sie auch jeweils mit anfangs hohen Investitionskosten verbunden sind. Auch beim Strom rentiert sich der Griff zu effizienten

Geräten, nicht nur bei den Energiesparlampen: Wichtige Orientie-
rungsgröße sind die Energielabels, welche die Haushaltsgeräte in verschiedene Energieeffizienzklassen einteilen (Klasse „A" bis „G"). Für
besonders Strom sparende Kühl- und Gefriergeräte wurden die Klassen
„A+" und „A++" eingeführt. Um die Energieeffizienz im Haushaltsbe-
reich weiter zu fördern, setzt sich die Bundesregierung für den so
genannten „Top Runner"-Ansatz ein, der EU-weit gelten soll. Die Idee
dahinter: Das momentan effizienteste Gerät auf dem Markt wird zum
Standard erhoben, den die anderen Hersteller binnen einer gewissen
Frist erreichen müssen. Ziel ist eine sich immer weiter nach oben dre-
hende Effizienzspirale – mit ständig verbesserter Energiebilanz der
Produkte. Japan gilt hier als Vorreiter mit positiven Erfahrungen.

Als Bremsklötze auf dem Weg in eine energieeffizientere Zukunft
werden häufig die Energieversorgungsunternehmen ausgemacht. Es
scheint auf der Hand zu liegen, dass sie nicht daran interessiert sind,
weniger Strom oder Gas zu verkaufen. Allerdings geht der politische
und gesellschaftliche Trend klar in die Richtung. Dies hat wiederum zur
Folge, dass sich das Geschäftsmodell der Energieunternehmen verän-
dern muss, wenn es sich nicht bereits verändert hat. Die Energiebera-
tung spielt mittlerweile eine zentrale Rolle, um die Kunden in Unternehmen und privaten Haushalten zu informieren, wie sie künftig potenziell weniger Strom, Gas oder Heizöl verbrauchen – dies ist natürlich
nicht ganz uneigennützig, weil hierdurch Kundenbindungen verstärkt
werden. Das Energiesparen wird mit Fördermitteln von Bund, Ländern
und Kommunen unterstützt, damit die oft beträchtlichen Investitionen
gestemmt werden können. Darüber hinaus ist „Contracting" für die
Steigerung der Energieeffizienz ein wichtiges Modell: Ein Dienstleister,
der „Contractor", übernimmt dabei das gesamte Energiemanagement,
z.B. eines großen Industriebetriebs. Er trägt die Kosten der energetischen Modernisierung und bekommt dafür einen Teil der später einge-
sparten Kosten. Vorteile für alle Seiten: Der Kunde hat stabile oder
sinkende Energiekosten, der Contractor bekommt den Effizienzgewinn
und die Allgemeinheit profitiert vom geringeren Energieverbrauch.

Zur Steigerung der Effizienz beim Stromverbrauch werden aber
auch neue Technologien eingesetzt. Modernste Informationstechno-
logie wird mit der Stromlieferung kombiniert: „Smart Meter" wird in
diesem Zusammenhang oft genannt. Was bringen diese intelligenten
Stromzähler? Hier dreht sich nicht einfach ein Rädchen mit rotem
Strich wie bei den alten Messgeräten, sondern der Verbrauch wird

zeitaktuell gemessen und kann zum Beispiel auf dem heimischen PC analysiert werden. Dass macht es nicht nur leichter, Stromfresser im Haushalt zu identifizieren, sondern eröffnet auch neue Perspektiven für die Stromabnahme. Denn mit dem Smart Meter wird ein flexibler und lastabhängiger Verbrauch möglich: Stromintensive Nutzungen, wie das Anstellen von Wasch- und Spülmaschine, können automatisch in bestimmte Abend- und Nachtstunden verschoben werden, in denen der Strom billig ist, weil es z.b. gerade viel Windeinspeisung, aber wenig Verbrauch gibt. Entsprechend könnte auch ein intelligenter, topisolierter Kühlschrank nachts etwas stärker kühlen und dafür am Tag Strom sparen. Die größten Vorteile: Der Stromkunde spart Geld, die Stromerzeuger können wegen der damit verbundenen Glättung der Lastkurve, also der größeren Gleichmäßigkeit beim Stromver-brauch, ihr Kraftwerksmanagement effizienter gestalten und Netzbe-treiber müssten weniger teure Regelenergie einkaufen. Heute laufen viele Anlagen nachts und am Wochenende in Teillast, tagsüber muss dagegen Spitzenlast zugeschaltet werden, um den Bedarf zu decken. Diese Schwankungen in der Lastkurve führen zu einem System, das unwirtschaftlicher und klimaschädlicher ist als es sein müsste. Smart Metering klingt also nach einer Detailfrage der Energiewirtschaft – ist aber für das Erreichen des Zieldreiecks von eminenter Bedeutung. Zukunftsmusik, die vom Staat in die Realität geholt werden sollte.

Alles was sich bewegt: Elektrisch!

Elektromobilität ist eng mit Smart Metering verknüpft, auch wenn beides auf den ersten Blick nicht viel miteinander zu tun zu haben scheint. Das Thema an sich – könnte man meinen – fällt etwas aus dem thematischen Rahmen des Buches. Sieht man aber genauer hin, wird deutlich, dass Elektroautos viel zum Ausbau Erneuerbarer Energien, zum Sicherstellen der Netzstabilität und zur effektiveren Erzeugungs-steuerung beizutragen haben. Aber wie?

Schon öfters wurde gesagt, dass einer der zentralen Aspekte der Elektrizitätsversorgung ist, dass Strom nur in begrenztem Umfang und zu sehr hohen Kosten gespeichert werden kann. Das Problem ver-schärft sich noch durch den Ausbau der Wind- und Sonnenenergie, die vom Bedarf völlig abgekoppelt und unregelmäßig Strom erzeugen. Das Beste wären also große Speichermöglichkeiten, in denen man den zu einem bestimmten Zeitpunkt überflüssigen Windstrom einlagern und dann wieder abzapfen kann, wenn er tatsächlich gebraucht würde. Elektroautos mit ihren Batterien könnten dies leisten.

Soweit die Theorie. Aber natürlich stellen sich viele Fragen: Warum sollten Eigentümer von Elektroautos die Batterien von den Stromkonzernen oder vom Netzbetreiber entladen lassen? Ist es überhaupt realistisch, dass es einmal viele Elektroautos geben wird? Sind die überhaupt praxistauglich? Und: Wie sieht die Kosten-, Energie- und Klimabilanz der Elektromobilität aus?

Die erste Frage ist relativ einfach zu beantworten: Natürlich muss es dafür einen finanziellen Anreiz geben. Gespeicherter Strom ist ein ungeheuer wertvolles Gut. Falls das Auto nicht gebraucht wird, im Schnitt sind das 23 Stunden am Tag, kann man bares Geld verdienen. Über den Smart Meter werden die genauen Zeiten an den Netzbetreiber übermittelt, in denen das Auto nur in der Garage steht. Der gleiche Smart Meter sorgt auch dafür, dass die Batterien dann beladen werden, wenn der Strom günstig und im Überfluss vorhanden ist.

Aber werden tatsächlich viele Menschen auf Elektroantrieb umsteigen? Wie nur wenig anderes gilt die individuelle Mobilität als Ausdruck unserer Zeit: Mit dem Auto ist die Freiheit verbunden, überall hinzukommen, sei es privat oder geschäftlich. Es steht außerdem für beliebige Verfügbarkeit. Für viele bedeutet ihr Auto Spaß und Vergnügen, für die meisten ist es einfach unverzichtbar, weil sich notwendige Wege zur Arbeit, zur Schule, zum Kindergarten oder zum Einkaufen gar nicht anders zurücklegen lassen. Und das soll nun alles elektrisch gehen? Hat man dabei nicht dreirädrige Solarmobile aus Plastik im Kopf? Die Fortschritte sind im Bereich der Elektromobilität enorm: Der „E-Mini" von BMW z.B. hat 204 PS – und das von der ersten Sekunde an, was für von normalen Motoren unerreichbare Beschleunigungswerte sorgt. Entsprechend gibt es richtige Sportwagen mit Stromantrieb wie den „Tesla Roadster" oder den „Ruf-Porsche" und, auch Motorräder werden elektrisch.

Der größte Entwicklungsbedarf steckt aber in den Batterien. Die gängigen wieder aufladbaren Lithium-Ionen-Batterien, die auch in Notebooks eingesetzt werden sind relativ teuer, groß und vor allem schwer. Ein 1kg schwerer Akku speichert nur einen Bruchteil der Energie (etwa ein 50stel) den 1kg Normalbenzin enthält. Dennoch hat die Reichweite bei den neuen Testautos schon deutlich zugenommen und beträgt mehr als 200 km. Eigentlich kein Problem, denn 95 Prozent

aller Autofahrten sind kürzer als 70 km. Dennoch: Auch die weite Ur-
laubsreise soll mit dem Auto machbar sein – dafür sind aber die Lade-
zeiten viel zu lang, dauert es doch mindestens zwei Stunden, bis die
Batterie voll ist. Hier gibt es erste Überlegungen, wie diese Schwach-
stelle zu beheben ist: Wie früher bei den Postkutschen, deren Pferde
bei Müdigkeit gewechselt wurden, könnten an den Stromtankstellen
die Akkus getauscht werden.

Wirtschaftlich und klimapolitisch hat die Elektromobilität ebenfalls Vorteile. In der Anschaffung sind moderne Elektroautos zwar
noch viel zu teuer. Doch im Betrieb sind sie preiswert: Für dieselbe
Menge Strom, die man benötigt, um so weit zu kommen wie mit einem
Liter Benzin, zahlt man derzeit nur etwa 40 Cent. Den Elektromotoren
kommt dabei auch ihr extrem hoher Wirkungsgrad zu Gute, der bei 90
Prozent liegt, während ein normales Auto kaum ein Viertel der im Sprit
enthaltenen Energie in Vortrieb umsetzt. Deshalb lohnt sich selbst eine
Kombination aus Elek-
tro- und konventionel-
lem Antrieb (Hybridan-
trieb). Solch ein Hybrid
gleicht zwar den Nach-
teil der kurzen Reich-
weite aus, ist aber um-
welttechnisch und kli-

> *„Ich glaube, 2030 werden wir keine Autos
> mehr sehen, die mit Benzin fahren."*
> Shai Agassi, Ex-SAP-Vorstand und Gründer
> von **Better Place**. Die Initiative realisiert
> Projekte zur alltagstauglichen Elektromo-
> bilität, u.a. in Israel und Dänemark.

mapolitisch keine optimale Lösung. Den geringsten CO_2-Ausstoß weist
klar das Elektroauto aus. Er beträgt schon mit dem heutigen Erzeugungsmix nur die Hälfte der Emissionen eines Benzinmotors. Mit dem
weiteren Ausbau Erneuerbarer Energien verbessert sich diese Bilanz
weiter. Zudem wird, selbst wenn es in Deutschland 1 Mio. Elektrofahrzeuge gäbe, kein zusätzliches neues Kraftwerk notwendig. Es würden
zwar etwa 600 MW Leistung benötigt, die aber über den dann möglichen effizienteren Einsatz der bestehenden Erzeugungsanlagen gut
abgedeckt werden könnten. Schließlich: Elektroantriebe verursachen
keinen Lärm und stoßen keine Schadstoffe aus. Sie werden also auch
zur Reduzierung der Belästigung der Menschen durch Schall und Fein-
staub beitragen.

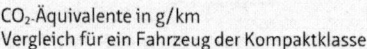

CO_2-Äquivalente in g/km
Vergleich für ein Fahrzeug der Kompaktklasse

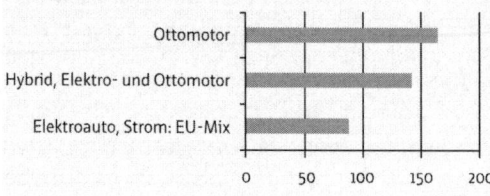

Well-to-wheel, Quelle: www.optiresource.org

Solarthermische Kraftwerke und Wüstenstrom

Solarthermische Kraftwerke nutzen nicht den Photovoltaik-Effekt des Sonnenlichts zur Stromerzeugung, sondern die Wärme der Sonne. Unter diese Kraftwerkskategorie fallen verschiedene Typen. Zu den wichtigsten gehört das „Aufwindkraftwerk", das sich den Kamineffekt zu Nutze macht. Unter einem großflächigen Dach wird wie bei einem Treibhaus die Luft erwärmt und zu einem hohen Kamin in der Mitte geleitet. Die darin entstehende Thermik treibt eine oder mehrere mit Generatoren gekoppelte Turbinen an, die den Strom erzeugen. Ein Aufwindkraftwerk wurde schon 1903 vom spanischen Ingenieur Isidoro Cabanyes beschrieben. Allerdings dauerte es bis in die 80er Jahre, bis die erste, sehr kleine Versuchsanlage (0,1 MW) in Spanien gebaut wurde. In Australien wird derzeit ein Thermikkraftwerk zur kommerziellen Nutzung geplant. Schon ab 2010 soll es mit 200 MW Leistung zu Marktpreisen Strom erzeugen. Problematisch bei Aufwindkraftwerken ist ihr geringer Wirkungsgrad, der den Betrieb nur in sehr sonnenreichen Gegenden wirtschaftlich macht und zudem relativ große Flächen und vor allem einen sehr hohen Kamin (bis zu 1000 Metern) benötigt.

Ein zweiter Typ solarthermischer Kraftwerke nutzt die Sonnenwärme zur Erzeugung von Wasserdampf, wodurch zum einen in konventionellen Kraftwerken Brennstoff eingespart oder zum anderen auch reiner Solarstrom erzeugt werden könnte. Solche Anlagen funktionieren nach einem einfachen Prinzip: Das Sonnenlicht wird über gebogene Spiegel gebündelt. Es erhitzt ein Trägermedium, zum Beispiel Helium oder Thermo-Öl. Das heiße Medium wiederum erwärmt Wasser, welches dabei verdampft und so Turbinen und Generatoren antreibt. Diese Kraftwerke könnten den Vorteil haben, auch Strom zu liefern, wenn nachts keine Sonne scheint: Denn heiße Trägermedien, etwa Flüssigsalz, können bei Tag Wärme speichern und nachts in dosierter Form wieder abgeben.

Dazu braucht man allerdings viel Sonne: Deshalb regt die Sahara die Fantasie der Solarthermie-Forscher besonders an: Bis zu 60 Grad im Schatten, kaum Vegetation und menschenleere Weiten. Und Sonne im Überfluss. Die Sonneneinstrahlung ist dabei so hoch, dass theoretisch eine Fläche von der Größe Bayerns ausreichen würde, um die ganze Welt mit Strom zu versorgen.

Wie könnte ein solches Vorhaben aussehen? Ein Plan sieht die Errichtung gigantischer Solarkraftwerke im Wüstensand vor, die den Stromhunger Europas stillen sollen. Die am weitesten reichenden Planungen sprechen schon von einem grünen Stromnetz vom Polarkreis bis in die Wüste, in dem immer irgendwo Wind weht oder die Sonne scheint. Was behindert die Realisierung?

Vor allem drei Aspekte sind problematisch: Die Kosten, die Anbindung nach Europa und die Sicherheit vor Ort. Im Sommer 2009 wurde ein Konsortiums gegründet, das in zehn Jahren den ersten Saharastrom produzieren soll – bis 2050 sollen 15 Prozent des europäischen Strombedarfs gedeckt werden. Kostenpunkt für die erforderliche Infrastruktur: 400 Milliarden Euro. Zum Vergleich: Der gesamte Bundeshaushalt 2009, der angesichts der globalen Finanz- und Wirtschaftskrise größte Etat in der Geschichte, betrug „nur" 297 Milliarden Euro.

Die nächste Hürde liegt in der Netzanbindung. Europa und Afrika trennen in der Straße von Gibraltar zwar nur 14 Kilometer. Doch von der Wüste bis zu den Verbrauchsorten z.B. in Deutschland sind es Tausende von Kilometern. Strom über so große Entfernungen zu transportieren ist sehr verlustreich. Selbst in den teuren HGÜ-Leitungen (Gleichstromleitungen) gehen gut drei Prozent auf tausend Kilometern verloren. Ein Europa-Sahara-Netz würde indes leicht Zehntausende Kilometer lang werden.

Die technischen Herausforderungen sind also enorm, aber unter Umständen lösbar. Bleibt wie bei allen Energiefragen die politische Dimension. Denn Voraussetzung für eine zuverlässige Partnerschaft ist politische Stabilität, Demokratie und Wohlstand – Attribute, die man heute nicht unbedingt mit allen Staaten Nordafrikas verbindet. Neben der technischen Realisierbarkeit des Projekts muss deshalb auch an den politischen und gesellschaftlichen Voraussetzungen gearbeitet werden. Ansonsten wäre es fahrlässig, sich in eine neue Abhängigkeit zu begeben.

Die Fusion der Kerne

Neue Technik braucht Zeit. Von allen Zukunftstechnologien dürfte die Kernfusion noch am weitesten von einer energiewirtschaftlichen Nutzung entfernt sein. Ein kommerzieller Betrieb vor dem Jahr 2050 ist derzeit nicht denkbar. Weshalb beschäftigen sich Ingenieure mit etwas, das erst unseren Enkelkindern vielleicht einmal zur Verfügung steht? Und ist in Zeiten des Atomausstiegs ein neuer Reaktortyp die Lösung?

Die Vorzüge der Kernfusion sind mehr als bestechend: Mit einem unerschöpflichen Brennstoffvorrat, einem vergleichsweise unproblematischen radioaktiven Abfall, einer besseren Anlagensicherheit und einer enormen Energieausbeute ist die Fusionsenergie beinahe die Lösung aller Energieprobleme. Die Gemeinsamkeiten mit der Kernspaltung hören dabei schon mit der Tatsache auf, dass es um Atome geht und auch ein Fusionsreaktor auf der Basis einer Kettenreaktion funktioniert. Denn beim Fusionsreaktor werden zwei positiv geladene Atomkerne (Ionen, meist solche der Wasserstoff-Isotope Deuterium und Tritium) aufeinander geschossen. Bei der Kollision der Teilchen entsteht reine Energie, und zwar jede Menge. Das Problem: Wie die positiv geladenen Enden zweier Magnete stoßen

> **Brennstoffbedarf**
> Ein Fusionsreaktor könnte aus einem Kilogramm Wasserstoff Energie erzeugen, für die sonst 10.000 Tonnen Steinkohle benötigt würden.

sich auch die positiv geladenen Ionen voneinander ab. Die Geschwindigkeit der Teilchen muss extrem hoch sein, damit sie überhaupt kollidieren. Die hierfür benötigte Energie ist gewaltig und steht bei Einzelreaktionen in keinem Verhältnis zur Energieausbeute. Um wirtschaftlich Energie zu gewinnen muss eine sich selbst tragende Kettenreaktion herbeigeführt werden. Diese Reaktion gibt es bereits unter natürlichen Bedingungen – jedoch nicht auf der Erde, sondern der Sonne.

Nahezu all ihre Strahlungsenergie entstammt der Fusion von Wasserstoffkernen. Der außerordentlich hohe Druck und die hohen Temperaturen halten den Prozess von selbst in Gang.

Diese Bedingungen können nur schwer von Menschenhand nachgeahmt werden. Die wichtigsten Grundlagen für einen kommerziellen Betrieb soll der Forschungsreaktor ITER liefern. Er ist ein Gemeinschaftsprojekt, an dem neben der EU auch die USA, Japan, China und Russland sowie weitere Partner beteiligt sind. Nicht zuletzt die voraussichtlichen Kosten in Höhe von sechs Milliarden Euro lassen sich so besser schultern. Am Standort Cadarache, unweit der Mittelmeermetropole Marseille, laufen seit 2009 die Bauvorbereitungen. Im Jahr 2026 soll der Betrieb beginnen und in zwanzig Jahren Laufzeit Erkenntnisse liefern, die schließlich in einen wirtschaftlich konkurrenzfähigen Betrieb zur Stromerzeugung münden könnten. Der lange Zeitraum entspricht den zu erwartenden technischen Herausforderungen: Gearbeitet wird mit Hochvakuum, extrem starken Magnetfeldern und Temperaturen von 100 Millionen Grad Celsius. Sofern die Forschungen erfolgreich verlaufen, könnte in der zweiten Hälfte unseres Jahrhunderts der erste Fusionsreaktor stehen. Die Gefahr eines Unfalls wäre noch geringer als bei heutigen Kernkraftwerken, da die Kettenreaktion bei Störungen von selbst zum Erliegen kommt. Zudem fallen im laufenden Betrieb keine radioaktiven Reststoffe an.

Ein schöne Vision, aber eine Utopie? „Ich möchte hoffen, dass uns die Kernfusion einmal Strom liefert. Als Physiker bin ich fasziniert von dieser Option. Aber eine ganze Menge Fragen sind noch offen", so Dr. Reinhard Grünwald vom Büro für Technikfolgenabschätzung des Deutschen Bundestags. Ob Kernfusion, Erneuerbare oder CCS: Je besser unsere Antworten sind, desto näher rückt eine sichere, klimafreundliche und wirtschaftliche Energiezukunft.

- Die Zukunft der Energieversorgung wird von der Technik bestimmt. Meilensteine werden sein: smart meter, Elektrofahrzeuge und solarthermische Kraftwerke.
- Kernfusion wäre die Lösung aller Energieprobleme und würde unsere Versorgung revolutionieren, der Weg allerdings ist noch weit.
- Forschungsmittel öffentlicher Stellen sollten genauso wie das Engagement der forschenden Unternehmen stark steigen.

Energie, Wirtschaft, Klima: Was ist zu tun?

Energieversorgung, wirtschaftliche Entwicklungschancen und Klimawandel sind drei Megathemen, die uns durch das gesamte 21. Jahrhundert begleiten werden. Sie bergen jedes für sich betrachtet schon das Potential für globale Krisen und Konflikte, unter Umständen sogar für bewaffnete Auseinandersetzungen. Aber noch mehr: Energie, Wirtschaft und Klima sind auf das engste miteinander verwoben. Eine sichere Energieversorgung zu angemessenen Preisen bildet das Rückgrat von Wachstum und Wohlstand nicht nur in den Industriestaaten, sondern auch in den Entwicklungsländern. Der Zugang zu knappen Energieträgern wird so zur Existenzfrage ganzer Volkswirtschaften, Abhängigkeiten könnten sich zuspitzen. Gleichzeitig ist die Verfeuerung von fossilen Brennstoffen für den Klimawandel verantwortlich. Seine Folgen könnten wiederum in den weniger entwickelten Teilen der Erde Konsequenzen haben, die deren ökonomische Chancen stark beeinträchtigen. Letztlich wird auch die westliche Welt nicht davon verschont, weil wir die Folgen von Klima-Migration, gewaltsamen Konflikten oder von vermehrten Naturkatastrophen konkret auch wirtschaftlich spüren werden. Die Regierungen sind also gut beraten, diese Themen in den Fokus ihrer Aufmerksamkeit zu rücken – und dabei alle politischen Ebenen zu berücksichtigen: global, regional und national.

Im vorliegenden Band wurde versucht, den Dreiklang Energie – Wirtschaft – Klima einfach und verständlich am Beispiel der Stromwirtschaft durchzudeklinieren und zu fragen, welche Schlussfolgerungen dabei für Deutschland zu ziehen sind. Denn gerade für Deutschland und für unseren Wohlstand spielt die Energieversorgung eine zentrale Rolle. Die Energie- und Strompreise sind ein wesentlicher Standortfaktor für die Industrie, aber auch für die Überlebensfähigkeit vieler kleiner und mittelständischer Betriebe. Dies betrifft nicht einige wenige Branchen, sondern die Kernbereiche der deutschen Wirtschaft: Automobile, Chemie, Stahl, Pharma und Anlagenbau. Ihre herausragende Bedeutung für Arbeitsplätze muss hier nicht mehr eigens begründet werden. Auch für die Lebensführung der Menschen sind die Energiekosten schon seit Längerem zum wichtigen Thema geworden – zu Zeiten höchster Preise wurde die Energiefrage sogar zur neuen sozialen Frage ausgerufen. Dies gilt auch für die Elektrizität, selbst wenn die Stromrechnung für den einzelnen Haushalt nicht den größten Anteil an den Energiekosten ausmacht.

Gleichzeitig ist das klimapolitische Gebot, den Anteil der Erneuerbaren zu steigern, nicht nur politischer Wille, sondern auch ein umfassender gesellschaftlicher Konsens. Darüber hinaus profitiert auch Deutschlands Wirtschaft von der Führungsrolle bei diesen Zukunftstechnologien: Arbeitsplätze und Exportchancen entstehen. Dagegen scheint sich über die Versorgungssicherheit in Deutschland kaum jemand Gedanken zu machen – weil alles läuft und mögliche Risiken langfristig sind. Dennoch stellen sich gerade hier große Herausforderungen: Wie sichern wir eine stabile und vorhersehbare Erzeugung? Welche Rolle spielen dabei die unterschiedlichen Energieträger? Gelingen uns die Modernisierung und der Ausbau des Stromnetzes? Wie wollen wir Forschung und Entwicklung vorantreiben?

Die Diskussion um diese Fragen findet dabei in keinem leichten Umfeld statt. Energiepolitik in Deutschland ist weiterhin geprägt von tief greifenden Kontroversen – gerade im Strombereich: Wie geht es weiter mit der Kernenergie? Welche Zukunft hat die Kohleverstromung? Welchen Beitrag können die Erneuerbaren zur Versorgungssicherheit leisten? Wann werden sie wirtschaftlich rentabel? Mit welchen Technologien sollen wir die energiepolitischen Ziele erreichen – oder sollen wir ganz technologieoffen herangehen? Gerade wegen dieser gesellschaftspolitischen Debatten und wegen der häufig vorgefertigten Meinungen auf allen Seiten haben wir in dem Buch versucht, pragmatisch und wertfrei grundsätzliche Zusammenhänge darzustellen.

Eine Verständigung über diese Grunddaten könnte der Ausgangspunkt für einen Prozess sein, in dem sich alle Beteiligten an einen Tisch setzen, um über eine gesellschaftlich akzeptierte, zukunftsfähige, sichere und bezahlbare Energieversorgung zu beraten und zu entscheiden. Aus unserer Sicht ist es eine der vordringlichsten Aufgaben der Bundesregierung, sich der Erarbeitung eines solchen langfristigen und konsistenten Energieprogramms zu widmen, das die politischen und gesellschaftlichen Ziele erreicht, das aber auch eine gewisse Sicherheit darüber bietet, wo die Reise in die Zukunft der Stromwirtschaft hingeht.

Dies ist umso wichtiger, als im Bereich Energieversorgung in den nächsten Jahrzehnten ein Paradigmenwechsel ansteht: Öl und Gas werden mit sinkender Produktion an Bedeutung im alltäglichen Bereich verlieren und Strom könnte zur neuen Energiewährung der Welt werden. Die Bundesregierung soll und muss die Voraussetzungen schaffen, dass es sich lohnt, in diese neue Energiewährung zu investieren.

Energie im Jahr 2030: Ein Blick in die Zukunft[1]

Daniel Dettling, Geschäftsführer berlinpolis GmbH

Freitag, der 1. Oktober 2030. Im Familien-Townhouse mitten in Düsseldorf hängt der Haussegen schief. Michael Schmitz, 42, sitzt mit seiner Frau Karin und seinen beiden Töchtern Selma und Nora im Wohnzimmer. Es ist kurz vor 20 Uhr, die Eltern wollen Nachrichten sehen und die Diskussion beginnt von vorne.

Vorwurfsvoll blickt die 15-Jährige Selma auf den Internet-Fernseher: „Wo kommt der denn her, etwa aus China?", nölt sie. Selma besucht die 10. Klasse und hat eine neue Aufgabe aus ihrem Förderkurs „grüne Energie" mitgebracht. Die Schüler sollen ihren Haushalt auf seine Klimabilanz hin untersuchen. Und da zählt nicht nur der Stromverbrauch, sondern der ganze Fußabdruck nebst Herstellung und Transport.

Bis eben noch sah Selmas streng geführte Liste blitzsauber aus: Der Strom von Familie Schmitz ist ein Mix aus erneuerbaren, nuklearen und fossilen Energieträgern. Er wird zwar jedes Jahr etwas teurer, dafür aber auch immer CO_2-ärmer. Das Brot kommt vom Stammbäcker am Eck, die Eier von der Biocompany nebenan. Auch Fenster und Wände des Hauses sind perfekte Wärmeschleusen. Nur der Fernseher stört. „Der macht meine ganze Statistik kaputt", klagt Selma. Michael Schmitz horcht auf. Erstaunlich, was Kinder heute über naturwissenschaftliche und wirtschaftliche Zusammenhänge lernen. So viel wussten er und Karin in ihrer Schulzeit nicht.

Selmas Schule ist amtierende Landesmeisterin im jährlichen „Fit fürs Klima" – Ranking des Energieministeriums. Ihre Schule hat in diesem Jahr sogar gute Chancen auf den Bundessieg. Entsprechend anspruchsvoll ist der Lehrplan. „Unser Strom hat eine Super-Klimabilanz, warum nicht der Fernseher?" will Selma wissen. Bevor Michael oder Karin antworten können, schaltet sich Nora, die Jüngste der Familie, ein. Die 8-Jährige geht noch in die Grundschule.

„Papa, was ist denn überhaupt Strom?" Michael überlegt kurz, dann sagt er: „Strom ist Energie. Schau mal, unser Fernseher zum Beispiel, über den Deine Schwester hier mault: Er braucht Strom, damit

---

[1] Das vorliegende Szenario ist eine Referenz die Berichte der Zukunftskommission NRW, veröffentlicht im April 2009.

er funktioniert und wir etwas sehen können. Auch Dein Kakao wird nicht ohne Energie warm. Eigentlich ist es mit allen Geräten hier im Haus so. Auch aus der Natur kennst Du Strom: Wenn es beim Gewitter blitzt, fließt er zwischen den Wolken und der Erdoberfläche". Nora ist erstaunt: „Und wenn es keinen Strom gibt, bekomme ich auch keinen heißen Kakao?", fragt sie. „Das stimmt. So richtig ohne Strom geht eigentlich gar nicht viel. Ob Du telefonierst, im Internet surfst oder Mama beim Kochen hilfst – überall brauchst Du Strom. Bei mir in der Firma ist das nicht anders. Das war zwar nicht immer so, aber selbst Oma und Opa können sich nicht mehr an die Zeit erinnern, als man Strom für kaum mehr als Glühbirnen benötigte." „Nicht mal die Großeltern von Oma und Opa könnten das", schaltet sich Selma dazwischen. „Das ist über 150 Jahre her."

Der Zeiger der Küchenuhr springt auf acht, die kleine Multimedia-Anlage in der Ecke meldet sich. Karin drückt die Fernbedienung – Zeit für die Nachrichten. Wie inzwischen mehr als 90 Prozent aller Haushalte verfügt auch das Townhouse der Familie Schmitz über ein smartes Energiesystem. Dank des intelligenten Stromzählers hat der engagierte Nachwuchs die Strom- und Energiebilanz des Hauses fest im Blick.

Heute lassen gleich mehrere Nachrichten die 15-Jährige aufhorchen. Die erste kommt direkt aus Deutschland: Ein hiesiges Energieunternehmen ist bei den Erneuerbaren Energien Weltmarktführer geworden. Selma jubelt: „Da will ich unbedingt ein Praktikum machen!" Dem Unternehmen ist es gelungen, durch leistungsfähige Speichertechnologien auch dann erneuerbaren Strom zu liefern, wenn die Windräder gerade stillstehen. Dank gestiegener Ölpreise und wachsender Kosten für die Rechte zur Freisetzung von Kohlendioxid sind die *Renewables* heute rentabel – nicht überall, aber an immer mehr Standorten.

Auch die nächste Nachricht an diesem Abend klingt nach Optimismus: Im ehemaligen Braunkohlerevier zwischen Köln und Aachen soll ein zweiter Fusionsreaktor entstehen. Der sich abzeichnende Erfolg des Prototypen ITER im französischen Cadarache hatte die Energieindustrie und das Land überzeugt – man ist nun bereit zu Bauen. Das Demokraftwerk ist doppelt so groß wie sein Prototyp und soll bis zu 2000 MW elektrische Leistung liefern. Land und Bund unterstützen das Projekt, die Technologie stammt aus der Bundesrepublik und sechs weiteren Ländern Europas. Bewährt sich der Reaktor, dürfte er schon bald zum Exportschlager erster Güte avancieren.

Die ausländischen Delegationen jedenfalls, so erfährt die Familie aus dem rasch abgerufenen Begleitfilm, stehen bereits Schlange. Ähnliches hatte man im Rheinischen Revier vor einigen Jahren schon einmal erlebt. Damals gingen dort die ersten CO_2-armen Braunkohlekraftwerke ans Netz. Lange wurde die Nutzung der heimischen Kohlevorkommen als klimaschädlich kritisiert. Seit 2020 aber wird das klimaschädliche CO_2 bei der Stromproduktion im Kraftwerk abgeschieden und nach Norddeutschland gebracht, wo es in unterirdischen Speichern von der Atmosphäre ferngehalten wird. Mit den ersten Demoanlagen konnte Deutschland damals Technologieführer für klimafreundliche Kohleverstromung werden. Da nach wie vor viele Länder der Welt auf den Energieträger Kohle setzen, hat sich die CO_2-Abscheidung und -Speicherung zu einem Exportschlager entwickelt. Das CO_2 wird aber nicht nur gelagert. Es dient auch als Nährstoff für Algen, die später zu Biogas und Biosprit verarbeitet werden.

Elektroingenieur Michael arbeitet in der boomenden Material-Branche. Sein Unternehmen, vor zehn Jahren erst gegründet, hat sich auf superleichte Werkstoffe spezialisiert und beschäftigt heute mehr als 4.000 Menschen weltweit. Zu den Hauptkunden zählt die Automobilindustrie. Zahlreiche Komponenten der neuen Elektroautos sind bereits mit federleichten Bauteilen ausgestattet. Während des Booms, der auf die weltweite Rezession 2009/10 gefolgt war, stieg vor allem der Bedarf in China und Indien explosionsartig.

Auch in Europa haben sich Elektroautos seit der Ölpreiskrise zum Verkaufsrenner entwickelt. Gleich zwei solcher Wagen hat Michael Schmitz in seiner Garage stehen, einen größeren mit Zusatzdiesel-Aggregat für längere Fahrten und einen kleineren Cityhopper – rein elektrobasiert – mit einer Reichweite von 500 km. Angeschlossen an das Stromnetz bilden die Autobatterien im Standbetrieb überdies den Netzpuffer für die Erneuerbaren Energien – ein echter Zusatznutzen. Denn Bioenergie, Wind- und Wasserkraft decken inzwischen mehr als ein Drittel des Energiebedarfs in NRW ab.

Strom speichern
Strom an sich lässt sich nicht direkt speichern. Die enthaltene Energie kann man jedoch zum Beispiel in Form von Wärme speichern und daraus später wieder Strom gewinnen. Auch lässt sich mit Strom ein chemischer Prozess in Gang setzen, der je nach Bedarf bei seiner Umkehr wieder Strom liefert. So funktionieren etwa Batterien.

Als Selma geboren wurde, war es kaum ein Zehntel. Wenn jetzt neben den CO_2-armen Kohle- und Gaskraftwerken auch Fusionskraftwerke bald Strom liefern, überlegt Michael, wäre der Strommix bald komplett klimaneutral. Zumal überall mit viel Innovation und Gehirnschmalz Energie eingespart wurde. Selbstverständlichkeit geworden sind auch die vielen Warmwassersolaranlagen auf den Dächern und die kleinen Blockheiz-Kraftwerke, mit deutlichen Auswirkungen auf die Kosten, denkt Michael mit Blick auf seine letzte Energierechnung. Das neue Auto könnte man sich doch eigentlich leisten.

Der 42-Jährige liebäugelt seit geraumer Zeit mit dem Nachfolge-modell seines E-Mobils, denn das besitzt deutlich mehr Leistung. Doch seine Frau mag den alten Wagen, vor allem für längere Autobahnstre-cken wie an diesem Freitag, an dem sie nach Amsterdam fahren muss. Karin arbeitet in der Logistikbranche und hat heute ein wichtiges Ge-spräch mit Wissenschaftlern der dortigen Universität, die eine neue Softwarelösung zur Vernetzung von Logistikströmen entwickelt ha-ben. Mit ihr, so versprechen die Experten, ließen sich die Energiekos-ten um mehr als 20 Prozent senken. Man wird sehen – einen Testlauf in einem Pilotprojekt wäre es allemal wert, überlegt sich die Logistikerin.

Selma und Nora räumen noch schnell das Geschirr in die Spülma-schine und drücken den Startknopf. Irgendwann im Laufe der Nacht wird das Gerät anspringen – und zwar genau dann, wenn der Strom-verbrauch ausgesprochen gering und der Preis niedrig ist. Der neue „smarte" Stromzähler macht es möglich, den Verbrauch viel besser dem Stromangebot anzupassen. Und da die Familie genau sehen kann, welches Gerät wie viel verbraucht, fällt auch die Entscheidung für energieeffiziente Hausgeräte viel leichter. Energieverschwendung gibt es im Haushalt Schmitz nicht mehr, aber das hatte Selma ja schon in ihrem letzten Schulprojekt festgestellt. Dort ging es darum, für eine Stadt ein Konzept zu entwickeln, das ihre Versorgung mit Energie sowohl umweltverträglich, zuverlässig und sicher als auch zu vertret-baren Preisen garantiert. Die Klausur „Energie in 60 Minuten" hat Selma mit Auszeichnung bestanden.

Service-Annex

Zur Untermauerung und Vertiefung von Energie in 60 Minuten sollen alle Beteiligten im Energiespiel nicht unterschlagen werden. Die Übersicht stellt die wichtigsten Akteure und Links zu wichtigen Veröffentlichungen und Themenportalen zusammen.

Politik

Deutschland

Bundeskanzleramt
Als zentraler Koordinierungsstelle für die gesamte Regierungspolitik kommt dem Bundeskanzleramt eine wichtige Bedeutung im politischen Gefüge der Bundesrepublik zu. Es steht im ständigen Kontakt zu den Ministerien und anderen Bundesbehörden.

- www.bundeskanzleramt.de
- Netztipp: Energiepolitik unter Regierungspolitik A-Z

Auswärtiges Amt (AA)
Das AA ist gemeinsam mit der Wirtschaft mit der Pflege und dem Ausbau der Außenwirtschaftsförderung betraut und schafft so die Grundlage für die Zusammenarbeit zwischen deutschen und ausländischen Unternehmen.

- www.auswaertiges-amt.de
- Netztipp: Abteilung für Wirtschaft und nachhaltige Entwicklung

Bundesministerium für Umwelt, Naturschutz und Reaktorsicherheit (BMU)
Energiepolitisches Kernthema des BMU ist neben Reaktorsicherheit vor allem der Bereich Erneuerbare Energien, in dem es federführend tätig ist.

- www.bmu.de
- Netztipp: Themenseite www.erneuerbare-energien.de

Bundesministerium für Bildung und Forschung (BMBF)
Dem BMBF kommt eine zentrale Rolle bei der Förderung staatlicher Vorsorgeforschung in den Bereichen Umwelt, Klima und Ökologie zu.

- www.bmbf.de
- Netztipp: Übersicht über Forschung im Bereich Energie: www.bmbf.de/de/12337.php

Bundesministerium für Verkehr, Bau und Stadtentwicklung (BMVBS)
Klima, Umwelt und Energie sind Querschnittsthemen des BMVBS. Im Fokus des Ressorts stehen Energieeffizienz im Gebäudesektor sowie Ressourcen schonende Mobilität und Raumstrukturen.

- www.bmvbs.de
- Netztipp: Sonderseite www.in-zukunft-leben.de

Bundesministerium für Wirtschaft und Technologie (BMWi)
Als federführendes Ministerium in der Energiepolitik setzt das BMWI auf Vereinbarkeit von Wirtschaftlichkeit, Versorgungssicherheit und Umweltverträglichkeit.

- www.bmwi.de
- Netztipp: Sonderseite www.energie-verstehen.de

CDU – Christlich Demokratische Union
- www.cdu.de

CSU – Christlich Soziale Union in Bayern
- www.csu.de

SPD – Sozialdemokratische Partei Deutschlands
- www.spd.de

FDP – Freie Demokratische Partei
- www.fdp.de

DIE LINKE
- www.die-linke.de

Bündnis 90 / die Grünen
- www.gruene.de

Bundesamt für Seeschifffahrt und Hydrographie (BSH)
Die Bundesoberbehörde im Geschäftsbereich des BMVBS ist u.a. zuständig für die Genehmigung von Offshore-Aktivitäten wie Windenergieanlagen und Pipelines. Sitz: Hamburg und Rostock.

- www.bsh.de
- Netztipp: Aktuelle Projektliste Offshore-Parks

Bundesanstalt für Geowissenschaften und Rohstoffe (BGR)
Die Fachbehörde des BMWi berät die Bundesregierung bei geowissenschaftlichen und rohstoffwirtschaftlichen Fragen, informiert die deutsche Wirtschaft und beteiligt sich an der internationalen geowissenschaftlichen Zusammenarbeit. Sitz: Hannover.

- www.bgr.bund.de
- Netztipp: Jahresberichte zum Thema Energierohstoffe.

Bundeskartellamt (BKartA)
Das Bundeskartellamt in Bonn ist eine selbständige Bundesoberbehörde im Geschäftsbereich des BMWi. Sie hat zur Aufgabe, den wirtschaftlichen Wettbewerb in Deutschland zu prüfen und zu überwachen.

- www.bundeskartellamt.de

Bundesnetzagentur für Elektrizität, Gas, Telekommunikation, Post und Eisenbahnen (BNetzA)
Die selbständige Behörde im Geschäftsbereich des BMWi überwacht u.a. die Einhaltung des Energiewirtschaftsgesetzes (EnWG) mit dem Schwerpunkt Netzentgelte. Hauptsitz ist Bonn.

- www.bundesnetzagentur.de
- Netztipp: Monitoringberichte zur Entwicklung des Strom- und Gasmarkts

Bundeszentrale für Politische Bildung (BpB)
Die Bundesanstalt im Geschäftsbereich des Bundesministeriums des Innern hat die Aufgabe, durch politische Bildungsmaßnahmen aller Art das demokratische Bewusstsein und die politische Partizipation zu fördern. Sitz: Bonn.

- www.bpb.de
- Netztipp: Dossiers Energiepolitik und Klimawandel

Deutsche Emissionshandelsstelle (DEHSt)
Die dem Umweltbundesamt angegliederte Emissionshandelsstelle ist die zuständige nationale Behörde zur Umsetzung des im Kyoto-Protokoll vereinbarten Emissionsrechtehandels und kontrolliert die Zuteilung und Ausgabe der Emissionsberechtigungen für Deutschland. Sitz ist Berlin.

- www.dehst.de

Deutsche Energie-Agentur GmbH (dena)
Die dena hat zum Ziel, die zukunftsfähige und umweltschonende Gewinnung, Umwandlung und Nutzung von Energie voranzutreiben und ist insbesondere ein Kompetenzzentrum für das Thema Energieeffizienz. Sitz: Berlin.

- www.dena.de
- Netztipp: Themenseite www.initiative-energieeffizienz.de

Monopolkommission
Unabhängiges Beratungsgremium der Bundesregierung auf den Gebieten der Wettbewerbspolitik und Regulierung, das alle zwei Jahre ein Gutachten zu Stand und Entwicklung der Unternehmenskonzentration in Deutschland herausgibt und mit Sondergutachten die Entwicklung im Energiemarkt beschreibt. Sitz: Bonn.

- www.monopolkommission.de

Sachverständigenrat Umweltfragen (SRU)
Der SRU ist ein wissenschaftliches Beratungsgremium der Bundesregierung mit dem Auftrag, die Umweltsituation und Umweltpolitik in der Bundesrepublik Deutschland und deren Entwicklungstendenzen darzustellen und zu begutachten sowie umweltpolitische Fehlentwicklungen und Möglichkeiten zu deren Vermeidung oder Beseitigung aufzuzeigen.

- http://www.umweltrat.de/

Statistisches Bundesamt (Destatis)
Die dem Bundesministerium des Innern zugeordnete Behörde hält Daten auf Bundes- und Länderebene in den Hauptbereichen Wirtschaft, Gesellschaft und Umwelt vor. Hauptsitz ist Wiesbaden.

- www.destatis.de
- Netztipp: Datenbank GENESIS Online

Umweltbundesamt (UBA)
Deutschlands zentrale Umweltbehörde hat die Aufgabe, die Bundesregierung wissenschaftlich zu beraten sowie die Öffentlichkeit zu Umweltthemen zu informieren. Sie gehört zum Geschäftsbereich des BMU und sitzt in Dessau.

- www.umweltbundesamt.de
- Netztipp: CO_2-Rechner unter www.umweltbundesamt.de/energie

Europa und Welt

Europäische Kommission
Das politische unabhängige Organ wahrt die allgemeinen Interessen der Europäischen Union und hat in Gesetzgebungsverfahren das Initiativrecht inne.

- www.ec.europa.eu/index_de.htm
- Netztipp: Leitseite Energie www.ec.europa.eu/energy

Europäisches Parlament

Das einzige direkt gewählte Organ der EU arbeitet auf Initiative der EU-Kommission Rechtsvorschriften aus. Den Lebensalltag der EU-Bürger berühren z.b. die Bereiche Umweltschutz und Verbraucherrechte.

- www.europarl.de
- Netztipp: Ausschuss Energie www.europarl.europa.eu/committees/itre_home_en.htm

Europarat

Der Europarat ist der Zusammenschluss aller 49 europäischen Staaten und setzt sich für die Förderung von wirtschaftlichem und sozialem Fortschritt ein. Fokusthema sind Menschenrechte. Er ist zu unterscheiden vom *Europäischen Rat* der Staats- und Regierungschefs und dem *Rat der Europäischen Union*, einem Gremium auf Ministerebene der EU-Staaten.

- www.coe.int

Europäischer Gerichtshof (EuGH)

Der Gerichtshof der Europäischen Gemeinschaften ist das oberste rechtsprechende Organ der Europäischen Gemeinschaften (EG). Er gewährleistet die einheitliche Auslegung des europäischen Rechts.

- www.curia.europa.eu

Energy Charter Treaty (ECT)

Die Energiecharta ist ein multilateraler Vertrag, der die Stärkung und Einhaltung der Handelsbedingungen in Energiefragen und Investitionssicherheit bezweckt. Sitz ist Brüssel, die Mitglieder sind hauptsächlich Länder Europas und Vorderasiens.

- www.encharter.org

European Atomic Energy Community (EURATOM)

Mit dem Unterzeichnen der Römischen Verträge wurde 1957 neben der Europäischen Wirtschaftsgemeinschaft die Europäische Atomgemeinschaft gegründet, um Forschungsprogramme für die friedliche Nutzung der Nuklearenergie zu koordinieren und dadurch die Verbreitung der technischen Kenntnisse sicherzustellen, aber auch gegenseitige Kontrolle zu ermöglichen.

- www.euratom.org

European Regulators' Group for Electricity and Gas (ERGEG)
Die ERGEG in Brüssel ist ein Beratungsgremium der Europäischen Kommission für Energiefragen, das sich aus den nationalen Regulierungsbehörden wie der Bundesnetzagentur zusammensetzt.

- www.energy-regulators.eu

Intergovernmental Panel on Climate Change (IPCC)
In dem der Klimarahmen-Konvention (UNFCC) beigeordneten Ausschuss soll von Wissenschaftlern und Experten aus aller Welt der aktuellste Wissensstand zum Klimawandel zusammengetragen werden, um zu Einschätzungen der Folgen des Klimawandels zu gelangen und Vermeidungs- und Anpassungsstrategien zu formulieren. Sitz ist Genf.

- www.ipcc.ch
- Netztipp: Sachstandsberichte zum Klimawandel

International Atomic Energy Agency (IAEA)
Die unabhängige Institution innerhalb der UN-Familie dient der sicheren und friedlichen Nutzung der Atomenergie und ist Kompetenzzentrum für Sicherheitsfragen, technologische Standards und die Überwachung der Kernwaffenverbreitung. Sitz: Wien.

- www.iaea.org
- Datenportal NUCLEUS unter www.nucleus.iaea.org

International Renewable Energy Agency (IRENA)
Die in der Gründungsphase befindliche zwischenstaatliche Organisation will den Beitrag Erneuerbarer Energien zu Klimaschutz, ökonomischen Wachstum und sozialen Zusammenhalt erhöhen. Vorgesehener Hauptsitz ist Abu Dhabi.

- www.irena.org

Statistisches Amt der Europäischen Gemeinschaften (Eurostat)
Das Brüsseler Eurostat stellt Statistiken für die Länder der EU zusammen, die von den nationalen statistischen Ämtern der Mitgliedstaaten erhoben werden und fördert die Harmonisierung statistischer Erhebungsmethoden.

- www.epp.eurostat.ec.europa.eu
- Netztipp: Pocketbook *Energy, transport and environment indicators*

UN-Energy
UN-Energy ist ein interner Mechanismus der Vereinten Nationen, um alle Programme im Bereich Energie zu koordinieren.

- http://esa.un.org/un-energy

United Nations Development Programme (UNDP)
Das Entwicklungsprogramm der Vereinten Nationen in New York setzt sich für Interessen der Entwicklungsländer in der Öffentlichkeit ein, hat eine Schlüsselrolle bei der Umsetzung der Millenniumziele inne und koordiniert Entwicklungsaktivitäten auch im Bereich Energie.

- www.undp.org
- Netztipp: Jährlicher Human Development Report unter www.hdr.undp.org

United Nations Framework Convention on Climate Change (UNFCCC)
Die Klimarahmen-Konvention der Vereinten Nationen ist ein internationales Abkommen zur Reduzierung der globalen Erwärmung. Die jährlichen Weltklimagipfel sind zugleich Vertragsstaatenkonferenzen des Kyoto-Protokolls. Das Hauptbüro ist in Bonn.

- www.unfccc.int
- Netztipp: Datensammlung *Greenhouse Gas Inventory*

Western European Nuclear Regulators' Association (WENRA)
Die WENRA ist ein Zusammenschluss von Vertretern der Kernenergie-Aufsichtsbehörden europäischer Länder, um die Reaktorsicherheit in

den Mitgliedstaaten zu harmonisieren und weiterzuentwickeln. Deutsches Mitglied ist das BMU.

- www.wenra.org

World Energy Council (WEC)
Der WEC mit Sitz in London erarbeitet Analysen und Strategieempfehlungen zu allen Energieträgern. Mitglieder sind sowohl Regierungsstellen als auch Unternehmen und NGOs.

- www.worldenergy.org
- Netztipp: Deutsches Nationales Komitee des WEC unter www.weltenergierat.de

Wirtschaft und Verbände

8KU
8KU ist eine Kooperation von acht überwiegend regional operierenden Energieunternehmen. Sitz ist Berlin.

- www.8ku.de

Bundesverband der Deutschen Industrie e.V. BDI
Als Spitzenverband der Industrie vereint der BDI Fachverbände im Bereich der Industrieunternehmen und industrienahen Dienstleister und fungiert als Mittler zwischen Politik und Wirtschaft zur Stärkung des Industriestandortes Deutschland.

- www.bdi-online.de
- Netztipp: Positionspapiere zum Thema Energie unter www.bdi.eu/58.htm

Bundesverband der Energie- und Wasserwirtschaft (BDEW)
Im Bundesverband der Energie- und Wasserwirtschaft sind Unternehmen aus der Strom-, Fernwärme-, Gas-, Wasser- und Abwasserwirtschaft zusammengeschlossen. Der BDEW veröffentlicht neben seinem

Jahresbericht Informationen zu energiewirtschaftlichen Tehmen. Sitz ist Berlin, Präsenz in Brüssel.

- www.bdew.de
- Netztipp: Umfangreiche Datensammlung zum Energiemarkt

Bundesverband Erneuerbare Energien e.V. (BEE)
Der BEE ist der Dachverband für alle Erneuerbaren Energien und setzt sich für die Verbesserung der Rahmenbedingungen sowie die Durchsetzung der Chancengleichheit dieser Energien gegenüber anderen Energieträgern ein. Sitz ist Berlin.

- www.bee-ev.de

Bundesverband neue Energieanbieter (bne)
Der bne mit Sitz in Berlin ist ein Zusammenschluss von Stromlieferanten und -produzenten, die für die Versorgung ihrer Kunden mit Strom oder Gas überwiegend die Netze Dritter nutzen, und setzt sich für die Förderung, Durchsetzung und Kontrolle des Wettbewerbs auf dem Energiemarkt ein.

- www.neue-energieanbieter.de

Deutsches Atomforum (DAtF)
Das Deutsche Atomforum wurde gegründet, um die friedliche Nutzung der Kernenergie in Deutschland zu fördern. Mitglieder des Forums mit Sitz in Berlin sind vor allem Unternehmen der Energiewirtschaft.

- www.kernenergie.de
- Netztipp: Kraftwerksstatistiken für Deutschland

Energieeffizienzverband für Wärme, Kälte und KWK (AGFW)
Der AGFW vertritt neben BDEW Betreiber von Heizkraftwerken und Fernwärmenetzen in Politik und Öffentlichkeit und setzt sich für Entwicklung und Ausbau der Nah-/ Fernwärme-, Kälte- und KWK-Versorgung ein. Sitz ist Frankfurt am Main.

- www.agfw.de

Eurogas
Eurogas ist der Dachverband europäischer Unternehmen und Verbände, die in den Bereichen Förderung, Handel und Vertrieb von Erdgas tätig sind. Er vertritt die Interessen der europäischen Gasindustrie und hat seinen Sitz in Brüssel.

- www.eurogas.org

European Federation of Energy Traders (EFET)
Der 1999 gegründete Verband mit Sitz in Amsterdam ist ein Zusammenschluss europäischer Energiehandelsunternehmen, der die Bedingungen des Energiehandels in Europa verbessern und den europäischen Energiemarkt vorantreiben will.

- www.efet.org

Forum für Zukunftsenergien
Die Plattform will dem branchen- und interessenübergreifenden Diskurs über die Gestaltung einer nachhaltigen Energiewirtschaft dienen und setzt sich dabei sowohl für erneuerbare als auch für nicht-erneuerbare Energien ein. Mitglieder sind neben Bundesländern auch Verbände und Unternehmen des Energiesektors.

- www.zukunftsenergien.de

GNS Gesellschaft für Nuklear-Service mbH (GNS)
Die GNS übernimmt die Aufbereitung und Entsorgung radioaktiven Abfalls, der bei dem Betrieb von Kernkraftwerken aber auch bei der Nutzung radioaktiver Stoffe in Industrie, Forschung und Medizin anfällt. Sitz ist Essen.

- www.gns.de
- Netztipp: Themenseite www.endlagerung.de

Union for the Co-ordination of Transmission of Electricity (UCTE)
Der Verband kontinentaleuropäischer Übertragungsnetzbetreiber koordiniert den Betrieb und die Erweiterung des europäischen Verbundnetzes, um den internationalen Austausch elektrischer Energie zu

erleichtern und eine zuverlässige und effiziente europaweite Versorgung sicherzustellen. Sitz: Brüssel.

- www.ucte.org

Union of the Electricity Industry (Eurelectric)
Eurelectric in Brüssel vereint die europäische Elektrizitätswirtschaft und fungiert als Interessenvertretung bei Fragen zur weiteren Liberalisierung und Harmonisierung des Energiemarktes. Deutsches Mitglied des Dachverbands ist der BDEW.

- www.eurelectric.org

Verband der Chemischen Industrie (VCI)
Der VCI mit Sitz in Frankfurt am Main vertritt die wirtschaftspolitischen Interessen von 1.600 Chemieunternehmen gegenüber Politik und Behörden.

- www.vci.de

Verband der Industriellen Energie- und Kraftwirtschaft (VIK)
Der VIK vertritt die Interessen der Energiekunden in Industrie und Gewerbe. Ein Großteil der Mitglieder gehört zu den versorgerunabhängigen Stromproduzenten.

- www.vik.de

VKU Verband kommunaler Unternehmen e. V
Der Verband kommunaler Unternehmen mit Sitz in Berlin vertritt die Interessen der kommunalen Wirtschaft in den Bereichen Energie- und Wasserversorgung, Entsorgung und Umweltschutz. Viele Mitglieder sind Stadtwerke oder Nachfolgegesellschaften derselben.

- www.vku.de

Nicht-Regierungsorganisationen

Attac
Attac ist eine Organisation von Globalisierungskritikern, die sich weltweit für eine ökologische und solidarische Weltwirtschaftsordnung
einsetzt.

- www.attac.de

Bund für Umwelt und Naturschutz Deutschland (BUND)
Der BUND mit Sitz in Berlin ist einer der größten Umweltverbände
Deutschlands und Mitglied von Friends of the Earth International, dem
weltweit größten Netzwerk unabhängiger Umweltgruppen. Als aner-
kannter Träger öffentlicher Belange ist er Ansprechpartner für Um-
weltgesetzgebung und Raumordnung.

- www.bund.net

Greenpeace
Greenpeace setzt sich als internationale Organisation für den Schutz
der Lebensgrundlagen für Mensch und Tier ein. Fokusthemen im Energiebereich sind Kernkraft und Mineralölwirtschaft. Deutschlandsitz ist
Hamburg.

- www.greenpeace.de

World Wide Fund for Nature Deutschland (WWF)
Der WWF ist eine der größten Naturschutzorganisationen der Welt.
Hauptanliegen ist die Bewahrung der Biodiversität. Sitz in Deutschland:
Frankfurt am Main.

- www.wwf.de

Institute und Thinktanks

Deutsches Institut für Wirtschaftsforschung (DIW)
Das Wirtschaftsforschungsinstitut betreibt Grundlagenforschung und wirtschaftspolitische Beratung. Gutachten und Studien im Energiebereich bilden ein Hauptsegment des Instituts mit Sitz in Berlin.

- www.diw.de

Energiewirtschaftliches Institut an der Universität zu Köln (EWI Köln)
Das EWI erarbeitet in enger Kooperation mit Partnern aus Wirtschaft und Politik energiewirtschaftliche Fragen auf und erstellt Marktanalysen zum Energiesektor. Neben der öffentlichen Förderung wird das EWI durch eine Fördergesellschaft unterstützt.

- www.ewi.uni-koeln.de

Hamburgisches WeltWirtschaftsInstitut (HWWI)
Das liberal ausgerichtete Wirtschaftsforschungsinstitut in Hamburg führt Analysen und Gutachten zu wirtschaftlichen Trends durch. Das Institut ist privatwirtschaftlich organisiert.

- http://www.hwwi.org/

ifo Institut für Wirtschaftsforschung
Das der Ludwig-Maximilians-Universität München angegliederte Institut ist eines der großen deutschen Wirtschaftsforschungsinstitute.

- www.ifo.de

Institut für Weltwirtschaft an der Universität Kiel (ifW)
Das ifW sieht seine Hauptaufgabe in der Erforschung innovativer Lösungsansätze für drängende weltwirtschaftliche Probleme und leistet hierzu Forschung, Beratung und Öffentlichkeitsarbeit.

- www.ifw-kiel.de

International Energy Agency (IEA)
Die Internationale Energieagentur ist eine eigenständige Einheit der
OECD und dient den Mitgliedstaaten als Austauschforum energierele-
vanter Fragestellungen, wobei Energiesicherheit und die Koordination
von Energiestrategien im Vordergrund stehen.

- www.iea.org
- Netztipp: Jährlicher World Energy Outlook: www.worldenerg
  youtlook.org

Öko-Institut
Das Öko-Institut ist eine Forschungs- und Beratungseinrichtung für
Politik und Wirtschaft. Unter dem Oberthema Nachhaltigkeit werden
u.a. auch Energiefragen bearbeitet.

- www.oeko.de
- Netztipp: E-Paper Nachhaltigkeit

Rheinisch-Westfälisches Institut für Wirtschaftsforschung e.V. (RWI)
Das Essener Institut ist Mitglied der Leibniz-Gemeinschaft und versteht
sich als Zentrum für wissenschaftliche Forschung und Politikberatung.
Im Fokus stehen Fragen zur Wirtschaftspolitik sowie Energie- und
Umweltökonomie.

- www.rwi-essen.de
- Netztipp: Projekt CO_2-Monitoring

World Energy Forum (WEF)
Das WEF ist eine Austauschplattform für die globale Energieindustrie.
Die Themenfelder umfassen Klimawandel, Energieträger und Zukunfts-
technologien.

- www.worldenergyforum.com
- Netztipp: Blogs und Foren zu Spezialthemen

Worldwatch Institute
Das in Washington ansässige Institut arbeitet auf dem Gebiet der
Nachhaltigkeit und Technikfolgenabschätzung. Der umfassende Nach-

haltigkeitsbegriff fokussiert vor allem das Schwinden natürlicher Ressourcen.

- www.worldwatch.org
- Netztipp: Jahresberichte mit wechselnde Spezialisierungen

Wuppertal Institut für Klima, Umwelt, Energie
Im Verantwortungsbereich des Ministeriums für Innovation, Wissenschaft, Forschung und Technologie des Landes Nordrhein-Westfalen angesiedelt, sieht sich das Institut der anwendungsorientierten Nachhaltigkeitsforschung verpflichtet. Strategien zum Thema Klimawandel und Energieversorgung sind Kernthemen.

- www.wupperinst.org
- Netztipp: Wuppertal Papers als Arbeitspapiere zur Förderung des Diskurses.

Glossar